연개소문

글쓴이 **신현득**

1933년에 경상북도 의성에서 태어나, 단국대학교 대학원에서 문학 박사 학위를 받았다. 초등학교 교사를 거쳐 소년한국일보 취재부장을 역임하였고, 1959년 조선일보 신춘문예에 동시가 당선되었다. 1971년에 세종아동문학상을, 1979년에 대한민국아동문학상을 수상했다. 지은 책으로는 《참새네 말 참새네 글》《고구려의 아이》《살구씨 몇만 년》들이 있다.

감수자 **하일식**

1961년 부산에서 태어나 연세대학교 사학과를 졸업하고, 같은 대학 대학원에서 한국 고대사를 깊이 전공했다. 지금은 연세대학교 문과대학 인문학부에서 학생들을 가르치고 있다. 지은 책으로는 《사진과 그림으로 보는 한국의 역사》《문답으로 엮은 한국 고대사 산책》이 있고, 옮기고 펴낸 책으로는 《백남운 전집》이 있다.

연개소문
우리가 잊지 말아야 할 나라를 지킨 장군 2

개정1판 1쇄 인쇄ㅣ2019년 9월 23일
개정1판 1쇄 발행ㅣ2019년 9월 27일

지 은 이 ㅣ신현득
감 수 자 ㅣ하일식
펴 낸 이 ㅣ정중모
펴 낸 곳 ㅣ파랑새
등   록 ㅣ1988년 1월 21일 (제406-2000-000202호)
주   소 ㅣ경기도 파주시 회동길 152
전   화 ㅣ031-955-0670 팩 스ㅣ031-955-0661~2
홈페이지 ㅣwww.bbchild.co.kr
전자우편 ㅣbbchild@yolimwon.com

ⓒ파랑새, 2000, 2002, 2007, 2019
ISBN 978-89-6155-868-6 74910
       978-89-6155-866-2 (세트)

- 책값은 뒤표지에 있습니다.
- 출판사의 허락 없이 이 책의 일부 또는 전체를 인용하거나 발췌하는 것을 금합니다.
- 본 도서는 파랑새 〈인물로 보는 한국사〉 시리즈를 재편성한 도서입니다.

어린이제품안전특별법에 의한 제품 표시
제조자명 파랑새ㅣ제조년월 2019년 9월ㅣ제조국 대한민국ㅣ사용연령 10세 이상

우리가 잊지 말아야 할 나라를 지킨 장군 2

연개소문

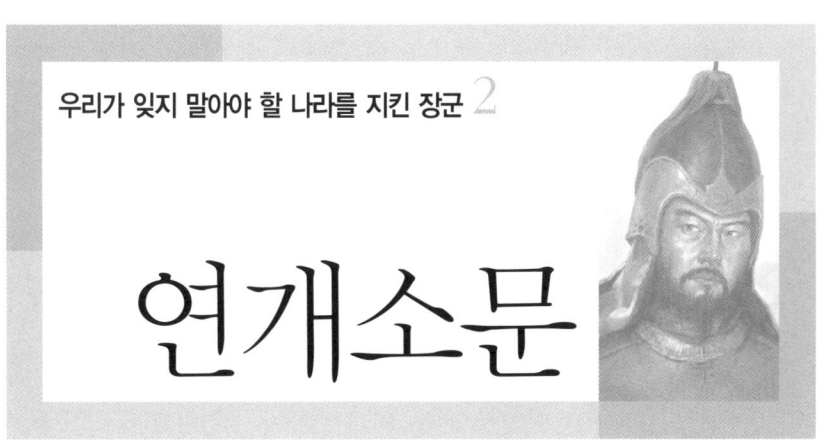

신현득 글 | 하일식 감수

파랑새

추천사
삶의 등대가 되어 주는 역사 인물

'도로시'라는 미국의 교육학자는 '아이들은 사는 것을 배운다'라는 유명한 시를 남겼습니다. 그 내용은 다음과 같습니다.

만일 아이가 나무람 속에서 자라면 비난을 배웁니다.
만일 아이가 적개심 속에서 자라면 싸우는 것을 배웁니다.
만일 아이가 비웃음 속에서 자라면 부끄러움을 배웁니다.
만일 아이가 수치심 속에서 자라면 죄의식을 배웁니다.
만일 아이가 관대함 속에서 자라면 신뢰를 배웁니다.
만일 아이가 격려 속에서 자라면 고마움을 배웁니다.
만일 아이가 공평함 속에서 자라면 정의를 배웁니다.
만일 아이가 인정 속에서 자라면 자기 자신을 좋아하는 것을 배웁니다.
만일 아이가 받아들임과 우정 속에서 자라면 세상에서 사랑을 배우게 됩니다.

이 아름다운 시처럼 우리들의 아이들은 끊임없이 세상에서 무엇인가 배우고 있습니다. 자라나는 아이들에게 사는 것을 배우게 하는 가장 좋은 방법은 무엇일까요? 그것은 아마도 우리나라가 낳은 조상들 중에서 훌륭한 업적을 이룩하신 역사적 인물들을 배우고 그 인물들을 통해서 그들의 애국심과 남다른 인격을 본받는 것입니다. 지금까지 어린 아이들을 대상으로 하는 위인전은 많이 있었지만 이번에 발간한 인물 이야기처럼 이제 막 인격이 성숙하기 시작하는 초등학교 고학년에서부터 사춘기에 이르는 중학생을 상대로 한 인물 역사책은 거의 없었던 것으로 알고 있습니다. 사실 이런 책들은 역사를 인식하고 역사적 인물을 이해할 수 있는 연령을 대상으로 하였을 때, 비로소 그 빛을 볼 수 있다고 생각합니다.

꼭 알아야 할 역사적 인물을 선정해서 발간하는 이 책은 우리 아이들에게 무한한 자부심과 희망과 꿈을 키워 줄 것입니다.

그리고 이 책은 역사학자들의 철저한 감수와 고증을 거쳐 역사적 사실이 흥미 위주로 과장되거나 주관적인 해석으로 왜곡되지 않고 정확하게 전달되도록 온 힘을 기울였습니다.

존경하는 인물을 한 사람 가슴에 품고 자라난 아이들은 가슴 속에 하나의 등대를 갖고 있는 항해사와 같습니다. 아이들의 먼 인생 항로에서 언제나 꺼지지 않는 등불이 되어 절망과 역경에 이르렀을 때도 그 앞길을 밝혀 주는 희망의 등불이 될 것입니다.

자라나는 아이들은 미래의 희망입니다. 그들에게 사는 것을 가르치기 위해서는 아이들이 살아갈 조국, 내 나라 내 땅을 위해 땀과 피와 목숨을 바친 훌륭한 역사적 인물들의 씨앗을 우리 아이들의 가슴 속에 뿌려 주는 일일 것입니다. 그 씨앗은 아이들 가슴 속에서 무럭무럭 자라나 마침내 아름다운 꽃과 무성한 열매를 맺게 될 것임을 저는 의심치 않습니다.

이어령 전 문화부 장관

지은이의 말

　연개소문은 자주적 정신으로 우리나라 땅을 지켜 준 겨레의 영웅입니다.
　그가 역사에서 사라지면서 우리는 만주의 넓은 국토를 잃게 됩니다. 그 뒤, 우리는 그때의 5분의 1에도 못 미치는 땅에 몰려 살다가 그것마저 두 동강이 나고 말았습니다.
　우리 역사에서 가장 크게 잃은 것이 있다면 고구려의 옛 땅인 만주를 잃은 것입니다. 만주를 잃은 것은 우리 역사상 가장 큰 상처이기도 합니다.
　이 사실을 알면 고구려를 지켜 준 연개소문을 우러러 믿게 됩니다. "신라가 아니라, 고구려가 민족 통일을 했어야 되는 건데." 하고 아픈 마음을 지니는 사람일수록 연개소문을 생각하게 됩니다. 그러나 《삼국사기》 등에는 연개소문을 포악하고 잔인한 사람으로 기록하고 있습니다.

"칼을 다섯 개나 차고 다녔다. 옆에 있는 사람이 쳐다보지도 못하게 하였고, 말에 오를 때마다 귀족이나 장수들을 땅에 엎드리게 하여 발판을 삼았다."

이런 기록은 당나라 쪽에서 연개소문을 헐뜯은 말을 그대로 옮긴 것입니다. 연개소문은 당나라에 고분고분하지 않았습니다. 당나라 임금 태종은 연개소문을 굴복시키겠다며 고구려에 쳐들어왔습니다.

그 전쟁에서 당 태종은 지고 말았습니다. 그러므로 당나라에서 연개소문을 좋은 사람으로 볼 리는 없는 것입니다. 연개소문 이후부터 우리 역사는 중국을 큰 나라로 모시는 사대주의를 쫓게 됩니다.

신라가 당나라의 힘을 빌어 고구려를 넘어뜨리고부터였습니다. 고구려 편에 서서 우리 역사를 바라보는 일이 드물게 되었습니다.

연개소문 전기를 쓰면서 이런 통분한 마음을 달래어야 했습니다. 그때마다 '고구려에서 연개소문을 잇는 영웅이 몇 사람만 더 있었더라면.' 하는 아쉬운 생각을 하곤 했습니다.

정말 그렇게 되었더라면 중국과 우리의 역사가 뒤바뀌었을지도 모르는 일입니다.

우리는 고구려의 정신, 연개소문의 자주정신을 이어받는 어린이가 되도록 합시다.

신현득

차례

추천사   4
지은이의 말   8

1. 용기 넘치는 소년   12
2. 고구려는 천신과 수신의 자손   23
3. 고구려를 한 바퀴   40
4. 커가는 나라   54
5. 귀족들의 권력다툼   65
6. 비굴한 외교   76
7. 튼튼한 천리장성   90

8. 연개소문의 승리 　　　　100
9. 대막리지 연개소문 　　　115
10. 토끼가 거북을 속이듯 　　125
11. 천리장성이 완성되고 　　138
12. 당나라에 지배당할 수는 없다 　151
13. 당 태종의 침입 　　　　163
14. 안시성 싸움 　　　　　176
15. 백제의 멸망 　　　　　190
16. 사라진 별 　　　　　　196

1. 용기 넘치는 소년

추수가 끝나는 상달(10월)이 되자, 고구려 나라 안이 떠들썩했다. 동맹이 시작된 것이다.

동맹은 하늘과 조상신에게 추수를 감사하는 나라 안의 잔치였다.

열두 살의 연개소문은 나라의 큰 잔치를 준비하는 아버지의 심부름을 하기에 바빴다.

그의 아버지 연태조는 동부 대인 겸 막리지의 지위에 있었고, 할아버지 자유 또한 고구려의 높은 벼슬을 지낸 인물이었다.

고구려는 평양성을 동부·서부·남부·북부·중부의 다섯 행정 구역으로 나누고 각 구역의 우두머리를 대인이라 하였다. 막리지는 고구려 관직 중에서 가장 높은 지위로 대대로라 부르기도 하였는데 위로는 왕을 모시고, 왕의 명령을 받아 백성과 관리와 군사를 이끌면서 나라 살림을 돌보는 자리였다.

연개소문의 아버지 연태조는 동부 지역의 우두머리이면서 나라의 정권을 손 안에 쥐고 있는 재상이었다. 아버지의 지위는 그 아들이 물려받는 것이므로 연개소문은 장차 동부 대인과 막리지의 지위

를 지켜야 했다.

그러자면 남달리 정치에 밝아야 하고 학식과 무예를 갖추어야 하며 백성을 두루 살필 줄 알아야 했다.

막리지 연태조는 이 점을 잘 알아서 아들 개소문에게 학문과 무예를 가르치고 정신 교육을 시켜 왔다. 그리고 그는 아들에게 소형이라는 지위를 주어 나라에 봉사하도록 하고 있었다.

소형은 고구려 관직 14등급 중에서 11번째 되는 낮은 지위였다. 고구려 귀족 집안에서는 일찍부터 나라일을 보살피는 법을 자제들이 익힐 수 있도록 관직을 주어 왔다.

그러나 아직 어린 개소문에게는 너무 높은 지위를 줄 수 없었던 것이다.

소형에 임명된 연개소문은 다른 공부를 하는 한편, 아버지 밑에서 그를 돕는 일을 맡고 있었다.

그는 빛깔 고운 예복을 갖추고 소골이라는 두건에 꿩의 깃을 꽂아서 쓰고, 칼을 차고, 관청을 출입하였다. 자주 말을 타고 다녔는데 태도가 귀공자다웠으므로 보는 사람들의 귀여움을 받았다.

다섯 개 지역의 우두머리들은 각각 여러 개의 성과 그에 딸린 군사를 거느리고 있었다. 동부도 패수(대동강)를 낀 요새에 동부 산성을 가지고 있었다. 이 산성에서 길러 낸 사병들은 동부 대인의 지휘를 받지만 일단 나라의 부름이 있을 때는 다른 성의 군사들과 함께 싸움터에 나가기도 하였다.

변방의 여러 성주들도 자신이 거느린 성에서 길러 낸 군사를 지휘하고 있었다. 이렇게 하여 고구려는 176개의 성에, 정예군 1백여만 명을 가지고 있었다.

동맹 잔치가 가까운 어느 날이었다.

"소형! 동부 산성까지 파발을 다녀오너라. 이 글을 동부산성에 전하고, 돌아오는 길에 동문 안 보검집에 들러야 한다. 보검 3백 개를 찾아서 싣고 오는 거다. 보검집에 수레를 보내 놓으마."

"예, 아버님!"

연개소문이 큰 소리로 대답하였다.

파발은 나라의 관청에서 서로 공문을 전하는 일을 말한다.

막리지에게는 따로 파발을 하는 병사가 있었지만, 훈련을 시키기 위해 아들 개소문을 산성으로 보내는 것이다.

연개소문은 아버지가 주는 공문을 가지고 동부 산성까지 말을 달렸다. 그에게는 용기가 넘치고 있었다.

그가 산성에 닿아 성문 앞에서 말을 내리자 수문장이 연개소문을 예로써 맞았다.

"막리지 대감의 공문이오!"

연개소문이 공문을 내밀자 곧 산성의 총사령관 동부 산성 총관에게 안내되었다.

공문을 펴 본 총관이 고개를 끄덕였다.

"음, 산성에서 동맹 잔치를 넉넉히 차려, 천신과 시조 대왕께 제사를 올리라는 분부시군. 잔치 음식을 군사들에게 나누어 주어 편히 먹고 쉬게 하라셨군. 이런 분부가 있을 줄 알고 벌써 준비를 끝내었지."

동부 산성 총관이 그 자리에서 회신을 써서 연개소문에게 전했다.

"연 소형, 동부 산성에서는 행사 준비가 다 되었다고 대감께 전하시오. 명령대로 천신과 시조왕께 제사도 지내고, 군사들에게 넉넉히 음식을 나누어 주도록 하겠소."

회신을 받아든 연개소문은 평양성을 향해 말을 달렸다.

평양성 동문을 들어서니 장사치들이 떠드는 소리가 시끄러웠다. 동맹을 앞두고 대목장이 벌어진 것이다.

보통때는 빈터였던 이 곳에 시장이 어우러져 있었다. 명절을 지내기 위해 사람들은 햇곡식이나 가축을 가지고 와서 필요한 물건과 바꾸었다. 떠들썩한 소리로 흥정이 되고 있었다.

비단과 베와 토기 들이 팔리고 있었다. 구월산 멧돼지 가죽을 밑창으로 하고 묘향산 사슴 가죽으로 등을 덮은 예쁜 아기 신이 비싼 값으로 팔리고 있었다. 백두산에서 잡은 호랑이 가죽으로 만든 담요도 나와 있었다.

보검집에 이르자 더욱 소란스런 소리가 났다. 평양성의 동문 안에 있는 보검집은 칼과 창만을 전문으로 만드는 장인의 집으로 이름난 무기 공장이었다.

수백에 이르는 대장간이 이어져 있었다. 대장간마다 풀무를 밟는 소리와 쇠망치 소리가 요란했다. 이 보검집은 연개소문 집안과 오래 전부터 깊은 관계를 맺고 있었다.

고구려에서는 성마다 넉넉히 무기를 갖추고 있었지만 집집마다 사사롭게 활과 칼과 창을 가지기도 하였다. 이런 가정의 무기는 한 해에 한 번씩 담금질을 해서 숫돌로 날을 세워 넣어 두었다. 언제 다시 닥칠지 모르는 전쟁에 대비한 것이다.

이러한 일이 동맹에 앞서 이루어졌다. 무기를 챙겨 두고 든든한 마음으로 명절을 맞기 위해서였다.

담금질하고 날을 세워야 할 칼과 창 들이 모두 무기 공장에 모였다. 수나라와 싸움에서 피를 묻힌 무기들이었다. 그래서 동맹을 앞둔 보검집이 더욱 붐볐다.

막리지 연태조가 보낸 수레와 마부가 먼저 보검집에 와 있었다.

소형 연개소문은 아버지가 부탁해 둔 보검 3백 개를 찾아, 하나 하나 점검을 했다. 칼날이 반짝였다. 칼집과 손잡이에 놓인 금박 무늬가 정교했다.

"이것을 상으로 받는 사람은 얼마나 기쁠까?"

보검은 나라의 큰 잔치인 동맹날에 상으로 줄 것이다.

지난 해(서기 618년)는 사건이 많았던 한 해였다.

고구려 사람들이 영특한 임금으로 받들고 있던 영양왕이 9월에 세상을 떠난 것이다.

"대왕이 승하하셨소!"

국상이 났다는 슬픈 소식이 들리자 추수를 하고 있던 백성들은 눈물을 흘렸다. 전쟁을 치르느라 너무도 고생하였던 임금이었기 때문이었다. 나라에 자식을 바친 전몰 병사의 부모나 나라 위해 싸우다가 몸을 다친 부상병들은 목을 놓아 울었다.

영양왕은 왕위에 있는 29년 동안에 네 차례의 전쟁을 겪었는데 모두 수나라 침입자를 내쫓기 위한 싸움이었다.

제1차 침입은 영양왕 9년(서기 598년)에 있었다. 고구려는 수나라 임금 문제가 보낸 30만 대군을 물리쳐 첫 승리를 거두었다.

2차 침입은 영양왕 23년(서기 612년)에 있었다. 수나라 임금 양제가 거느린 113만 대군이 쳐들어왔으나 고구려의 을지문덕 장군에 의해 살수(청천강)에서 참패를 당하였다.

수나라의 3차 침입은 이듬해인 영양왕 24년에 있었고, 그 다음해 25년에는 4차 침입이 있었다.

영양왕은 적이 쳐들어올 때마다 막리지 연태조의 의견을 들어 전략에 능한 장수를 골라서 썼으므로 전쟁에서 이길 수 있었다.

그처럼 백성에게 승리를 안겨 주던 영특한 영양왕이 세상을 떠난 것이다. 그것이 9월이었으므로 10월까지 왕의 장례를 치르느라 국민은 동맹 잔치를 잊고 지냈다.

"슬픈 상달이야. 전 같으면 나라가 떠들썩할 텐데."

새로 왕위에 오른 영류왕을 모시고 계속 막리지의 지위에 있게 된 연태조는 생각하였다.

'올해의 동맹에는 백성들이 지난해에 누리지 못한 기쁨을 갑절이 되게 하리라. 그리고 선왕이 하시던 대로 나라를 지키는 데에 공을 세운 신하와 백성을 찾아서 상을 주리라.'

막리지 연태조는 이 뜻을 영류왕에게 아뢰어 허락을 얻은 뒤 보검 3백 개를 상품으로 준비하였다.

소형 연개소문이 수레에 보검을 실었다.

"썩 잘 만들었습니다. 아주 훌륭한 칼이에요. 그리고 며칠 전 제가 담금질을 부탁한 칼과 창이 있지요?"

"예, 소형 나리!" 대장간 주인이 연개 소문이 부탁했던 칼과 창을 가지고 왔다. 날을 새로 세운 것이다. 연개소문은 날을 세운 칼을 허리에 차고 창을 높이 들었다.

그리고 천천히 수레의 뒤를 따랐다.

"저 소형 나리가 막리지 대감의 맏아드님이라며?"

"지금 열두 살이래."

"나이에 비해 신체가 장대하군. 용기가 넘쳐보이는데."

"장차 동부 대인과 막리지를 맡을 사람이야. 그럴 만한 인물로 보이지?"
연개소문을 두고 사람들이 나누는 말이었다.

2. 고구려는 천신과 수신의 자손

　동맹 잔치는 고구려의 각 가정에서부터 시작됐다. 69만 7천 호 집집마다 햇곡식으로 음식을 빚어 천신과 조상신에게 제사를 올렸다.
　셀 수 없이 아득한 옛날, 단군이 이 땅에 처음으로 조선이라는 나라를 열었다는 이야기는 고구려 사람 모두가 알고 있었다.
　또한, 고구려 사람은 고구려를 처음 세운 동명성왕과 그의 어머니 유화 부인을 잘 알고 있었다. 동명성왕, 유화부인은 동맹 잔치 때 고구려 사람 전체가 제사 지내는 시조신이었다.
　"하느님, 조상님, 시조대왕님이 도와 주셔서 전쟁을 이겼어. 그 덕택에 풍년이 들었지."
　사람들은 음식을 만들어 이웃과 나누어 먹고 동맹 잔치를 즐길 참이었다.
　"한판 놀아 보자. 자, 모두 나서자!"
　마을마다 북소리에 악기가 울리기 시작하였다.
　지방의 큰 성에서는 따로이 큰 잔치가 열렸다. 성마다 하늘의 제단과 동명성왕의 사당, 유화부인의 사당이 있었다. 성주는 사당에 제사를 올리고 성을 지키는 군사들에게 푸짐한 음식을 나누어 주었다.

평양성의 대궐 안에도 제단과 사당이 있지만, 동명성왕과 유화부인을 모신 제일 큰 사당은 고구려가 처음 세워졌던 졸본 땅에 있었다. 새로 왕위에 오른 왕은 졸본까지 행차하여 새로 왕이 되었음을 두 사당에 고했다. 대궐 안 사당에서 제사 준비가 끝나자 중신들과 5부의 대인과 성읍의 성주들이 예복을 갖추고 늘어선 자리에 새로 왕이 된 영류왕이 나타났다.

왕이 제단에 향을 피우고 하늘과 땅에 제사 지내는 의식을 행하였다. 참석 제관이 엎드려 절을 하자, 막리지 연태조가 큰 소리로 제문을 읽어 내려갔다.

"저희 나라 고구려를 다스리는 대왕마마께서는 하늘의 자손이며 하백(물의 신)의 외손입니다. 하늘이시여! 하백이시여! 굽어 살피소서. 풍년이 들었습니다. 이 모두가 하늘과 하백님의 은혜에 힘입은 것입니다."

제사를 끝낸 그 자리에서 영류왕은 조서를 소리내어 읽었다. 앞으로 나라를 어떻게 이끌어 갈 것인가를 알리는 글이다.

이어서 막리지가 왕이 명한 대로 이번 전쟁에서 목숨을 바친 충신들에게 벼슬을 내리고 전공을 세운 무사들에게 지위를 높여 주는 사령장을 나누어 주었다. 그 중에서도 가장 공이 컸던 3백 명을 골라, 왕을 대신하여 보검 한 자루씩을 주어 표창하였다.

곧 대궐 밖에서 여러 가지 무술 경기가 펼쳐졌다. 활쏘기 · 검

술·말타기·태견·씨름 등을 겨루는 경기이다.

무술 경기에서 이긴 자에게는 막리지가 상을 내렸다.

과녁 여러 개를 세우고 임시 활터를 만든 곳에 명사수들이 활과 전동(화살을 넣는 통)을 가지고 모여 있었다. 사수들이 차례로 나가서 시윗줄을 당겼다. 소형 연개소문이 명사수 사이에 끼어서 시윗줄을 당기고 있었다.

"야아!"

환성과 손뼉 소리가 났다. 연개소문의 첫 화살이 과녁 한가운데에 꽂힌 것이다.

두 번째 쏜 화살, 그리고 세 번째 화살도 과녁 한가운데를 맞혔다. 환성이 더욱 커졌다. 이어서 벌어진 검술 시합 그리고 말달리기, 달리는 말에서 활쏘기, 태견에도 연개소문의 모습이 보였다.

"과연 연 대감의 아들이군."

사람들이 연개소문의 날쌘 모습을 보고 감탄을 했다.

이 날의 무술 경기에서 연개소문은 활쏘기에서 장원을 하고 말타기에서 2등의 성적을 거두었다.

연개소문은 환성과 박수 소리 속에서 아버지 막리지로부터 상을 받게 되었다. 아버지 연태조는 싱글벙글하면서 상을 내렸다.

"그 아버지에 그 아들이야."

연개소문을 보는 사람들이 자기 일처럼 기뻐해 주었다. 이로부터 소형 연개소문이 평양성 안의 화제에 올랐다.

그런데 이 행사에서 돌아간 성주들이 고개를 갸웃거렸다. 그것은 이 날 왕이 직접 읽었던 조서 내용 때문이었다.

"부질없이 대국과 겨루었으므로 많은 백성이 괴로웠다. 이제부터 중원에 새로 들어선 당나라와는 충돌을 피하고 친선 관계를 되찾도록 한다. 그러기 위해서 내년에는 많은 선물과 함께 사신을 보내도록 한다……"

이 조서는 많은 걱정을 낳았다.

"과연 당나라가 우리를 침략하려는 생각을 버렸을까?"

"방비를 소홀히 하다가 기습이라도 당한다면?"

새로 왕위에 오른 영류왕은 고구려의 27대 왕으로 이름은 건무이며 영양왕의 배다른 동생이었다.

영류왕이 왕위에 오를 무렵, 중국에서는 수나라가 끝나고 있었다. 왕이 백성을 돌보지 않고 외국 침략에만 몰두한 까닭에 농민들이 들고 일어났기 때문이었다. 결국 왕은 놀이만을 즐기고 있다가 반란군에게 죽임을 당했다. 피살을 당한 양제의 뒤를 이어 그의 손자 공제가 왕위에 올랐지만 1년이 못 가서 신하 이연에게 왕위를 내어줄 수밖에 없었다. 이연이 나라 이름을 당이라고 고치니 이가 당나라의 첫 임금 고조이다.

당나라 고조는 생각하였다.

'당나라는 수나라를 이은 나라이다. 싸워서 수를 넘어뜨린 것이 아니다. 수나라가 버티어 갈 힘이 없어 임금자리를 내주는 것을 받았을 뿐이다. 그러므로 수나라 땅은 곧 당나라 땅이며, 수나라 백성은 곧 당나라의 백성이다. 수나라의 원수는 당나라의 원수다. 내가 수나라를 대신해서 원수를 갚으리라.'

그는 수나라가 고구려를 치려다가 네 차례나 실패한 것이 분했다. 고구려 살수에서 백만 대군을 잃었던 사실은 더욱 분통 터지는 일이었다.

"고구려는 그냥 두면 안 된다. 새로 세운 왕조에 위협이 될 수도 있다. 고분고분하지 않을 때는 정복하리라!"

그러던 당나라에서 고구려를 달랠 수 있는 기회가 왔다. 고구려의 영류왕이 당 고조에게 사신을 보내 선물을 바쳤다.

"음, 기특한지고. 너희 나라 선왕 영양왕은 고집불통이었다. 새 왕은 대국을 섬길 줄 아는구나. 찾아와서 조공을 바치니 고맙다."

당 고조는 고구려 사신을 반갑게 맞았다. 조공이란 큰 나라에 딸린 속국이 큰 나라에게 복종하겠다는 뜻으로 예물을 바치는 것을 말한다.

당 고조는 이렇게 된 마당에 고구려 새 임금의 마음을 아주 사로잡아 두려고 하였다. 이리하여 당나라에서는 답례의 사절을 고구려에 보내기로 하였다.

"아직은 고구려의 새 왕을 믿을 수 없으니 무슨 방법으로든지 왕과 신하를 달래어 고구려를 당나라의 속국으로 굳히게 하라."

당나라 왕이 사신에게 명령을 내렸다. 평양성에 나타난 당나라의

연개소문

사신은 뇌물을 가지고 말을 들을 만한 고구려 벼슬아치의 집을 드나들었다. 임금을 움직여서 당나라의 요구를 듣게 해 달라는 것이었다.

나중에는 영류왕을 설득하기로 하였다. 영류왕은 자기의 뜻이 그러했으므로 당나라 사신의 말을 곧이 곧대로 듣게 되었다.

이때 막리지 연태조가 영류왕을 뵈옵고 여쭈었다.

"대왕마마, 당나라는 아무 이유 없이 우리 나라를 네 차례나 침범하였던 수나라의 후신입니다. 이름만 바뀌었을 뿐 수나라 그대로입니다. 친선관계를 맺자는 그들의 말을 그대로 믿어서는 아니 될 것으로 압니다."

연태조는 말을 이었다.

"당나라의 정책은 이웃에 자기들과 겨룰 만한 나라를 두지 않겠다는 것입니다. 우리 고구려 같은 큰 나라를 이웃에 두면 불안한 것입니다. 그러므로 고구려가 신라나 백제처럼 작고 고분고분한 나라가 되기를 바라고 있습니다."

먼저 우리 고구려와 화친하는 척하여 안심을 시킨 뒤, 군사로써 요동을 빼앗을 것이라는 말을 여쭈었다. 고구려를 작은 나라로 만들어 속국으로 하든지 아니면 아주 나라조차 없애자는 것이 그들의 생각일 것이라고 연태조는 주장하였다. 그러나 영류왕은 막리지를 오히려 의심했다.

"짐의 말을 듣지 않다니 고약한지고."

영류왕은 막리지 연태조를 괘씸하게 생각하였다. 그러나 막리지라는 지위가 워낙 높고 연태조를 둘러싼 신하들의 힘이 강했으므로 그를 어쩌지는 못하였다.

왕은 자신과 가까운 신하들의 말만 믿고 당나라에 대한 경계를 소홀히 하였다. 그들은 예전에 전쟁에서 큰 공을 세운 연태조를 비롯한 다른 신하들을 배척하고, 자신들의 권력을 강화하려는 데 몰두하고 있었던 것이다.

"당나라의 말을 그대로 믿을 수는 없다. 그렇다고 당나라에 해를 끼치려는 것도 아니다. 두 나라가 동등한 관계에서 나라 사이의 일을 서로 의논하여야 한다. 당나라에 당당하게 대하려면 나라의 힘을 잃지 말아야 한다. 그러기 위해 내 아이부터 잘 가르치자."

동부 대인에 막리지를 겸한 몸이었지만 연태조는 틈을 내어 아들 개소문을 훈계하였다.

"고구려는 오랜 역사를 가진 나라이다. 하늘의 자손이 세운 나라인 것이다. 우리는 먼저 이 사실을 크게 자랑삼아야 하느니라."

막리지의 자리를 물려받을 것이므로 개소문은 나라일을 고루 알아야 했다. 남다른 교육이 필요했다. 연개소문은 꿇어앉아 아버지의 훈계를 들었다. 아버지가 들려 주는 고구려 건국의 역사는 재미있었다.

"고구려의 시조 동명성왕은 하늘의 자손이었다. 아득한 옛날,

　하늘신의 아드님으로 해모수님이 있었고, 강과 바다를 다스리는 물의 신이 있었다. 신의 이름을 하백(河伯)이라 하였지."

　하백은 물 속에 궁궐을 지어 놓고 살았다고 하였다. 그에게는 예쁜 공주가 여럿 있었다. 그 중의 맏공주 유화는 물 바깥 세상을 그리워했다.
　"바깥 세상에는 산도 있고, 구름도 있고, 꽃도 피고 짐승도 있다던데……."
　바깥 세상이 보고 싶은 유화공주는 동생들을 꾀어서 물 바깥으로 나갔다.
　"아, 아름다운 세상이다. 저기가 하늘이구나, 구름도 떠 있네. 새가 날고 있어!"

그때 유화공주는 지나는 한 사람을 만나게 되었다.

"나는 하늘의 아들이오. 하지만 하늘과 땅 사이를 마음대로 다닐 수가 없었소. 그래서 아버님 몰래 땅에 내려온 거요."

"저는 물의 신 하백의 딸이에요."

하늘의 아들과 하백의 딸은 자연스럽게 부부가 되었고, 공주는 아기를 가지게 되었다.

"재미있는 얘기지?"

아버지 연태조가 듣고 있는 개소문에게 물었다.

"재미있는 이야기입니다, 아버님."

아버지는 빙긋 웃음을 보이더니 이야기를 이었다.

"그러던 유화공주에게 불행이 닥쳤단다. 해모수님께 하늘신의

금족령이 내린 거지. 다시는 지상에 내려가지 말라는 명령이었단다. 그 사이에 유화 공주는 동부여의 왕 금와왕에게 잡혀 갔지. 유화 공주를 방 안에 가두었지만 햇빛이 따라다니며 그를 비추었단다. 그러던 유화 공주는 커다란 알을 낳게 되었지."

"괴이한 일이다. 사람이 알을 낳다니? 저 알을 내다 버려라!"
금와왕은 신하를 시켜 알을 길가에 버리게 하였다. 그러자 개와 돼지, 소와 말이 알을 에워싸고 품어 주었다. 들에 내다 버렸더니 새와 들짐승들이 와서 알을 품었다.
할 수 없이 알을 궁궐에 들여왔는데 거기서 예쁜 사내아기가 깨어났다.
"앙! 앙……."
아기가 첫 울음을 울자 모두들 달려와서 아기를 구경하였다.
"희한한 일이야. 알 속에서 아기가 태어나다니?"
아기를 본 사람들은 놀라고 신기해하였다. 사람들은 이 아기를 고주몽이라 불렀다.

"이 분이 고구려의 시조 동명성왕이었느니라. 하늘의 자손이지."
아버지는 동명성왕이 커다란 알에서 깨어났다는 이야기가 남다른 위인이었음을 뜻하는 것이라고 하였다.
"고구려가 졸본 땅에서 일어나 요동벌을 호령하게 된 것은 지혜

로운 왕과 어진 재상과 용기 있는 장수가 나라를 이끌어 왔기 때문이었다. 너는 이 아비를 이어 하늘의 자손인 고구려 백성을 보살펴야 할 사람이다. 한 목숨을 나라에 바칠 각오가 되어 있어야 한다."
연태조가 개소문에게 몇 차례나 되풀이하는 가르침이었다.
이야기는 들을수록 재미가 있었다.

주몽이라 불리던 동명성왕을 해치려고 동부여의 일곱 왕자가 모의하였다. 이것을 알아차린 어머니 유화 부인이,
"애야, 지금 너의 목숨이 위태롭구나. 네 재주를 가지고 어디를 가면 임금 노릇을 못 하겠느냐. 빨리 이 곳을 떠나도록 하여라."
이에 주몽은 세 사람의 부하와 같이 말을 타고 졸본 땅을 향해 달렸다. 뒤에는 동부여의 군사들이,
"주몽을 잡아라!"
하고 소리치며 달려오고 있었다.
주몽이 강가에 이르렀는데 물을 건널 수 없었다. 주몽은 하늘을 우러러 구원을 청했다.
"나는 하늘의 손자이며 하백의 외손자예요. 뒤쫓는 자들이 따라오고 있습니다. 하느님, 하백님, 저를 도와 주십시오."
그러자 난데없는 물고기와 자라가 떠올라 발을 디디고 지나가게 해 주었다. 고주몽 일행은 말을 채찍질하여 이 물고기 다리를 건넜

다. 뒤쫓던 동부여의 병사들도 물고기 다리를 건너려 했다. 그러나 물고기들이 다리를 만들어 주지 않아 건너지 못하였다. 참으로 통쾌한 일이었다.

'물의 신인 하백의 손자여서 물고기와 자라들이 도와 주었는가 봐.'
하고 연개소문은 생각하였다.
"그리고 우리 집안의 내력도 알아 두어야 한다. 우리 집안 역시 물과 관계가 깊단다. 물의 정령에서 우리 조상이 태어나셨으므로 성을 못 연(淵)자로 정한 것이다. 물에는 온갖 생명을 살리는 힘이 있다. 우리 집 사람들은 물과 같은 사람이 되어야 한다."
연개소문의 가문이 물과 관계 깊다는 말이 또한 재미있었다.
"명심하겠습니다, 아버님."
연개소문은 아버지 앞에서 머리를 숙였다.
"그러한 맹세는 저기 사당에 가서 해야 한다."
고구려 사람들은 시조 동명성왕과 그의 어머니인 유화 부인을 모신 사당에 가서 제사를 올리기도 하지만, 병이 낫기를 빌고 나라에 충성할 것을 서약하기도 하였다.
연개소문은 사당에 가서 무릎을 꿇었다. 그리고 나라를 위해 큰 일을 하겠다는 서약을 하였다.

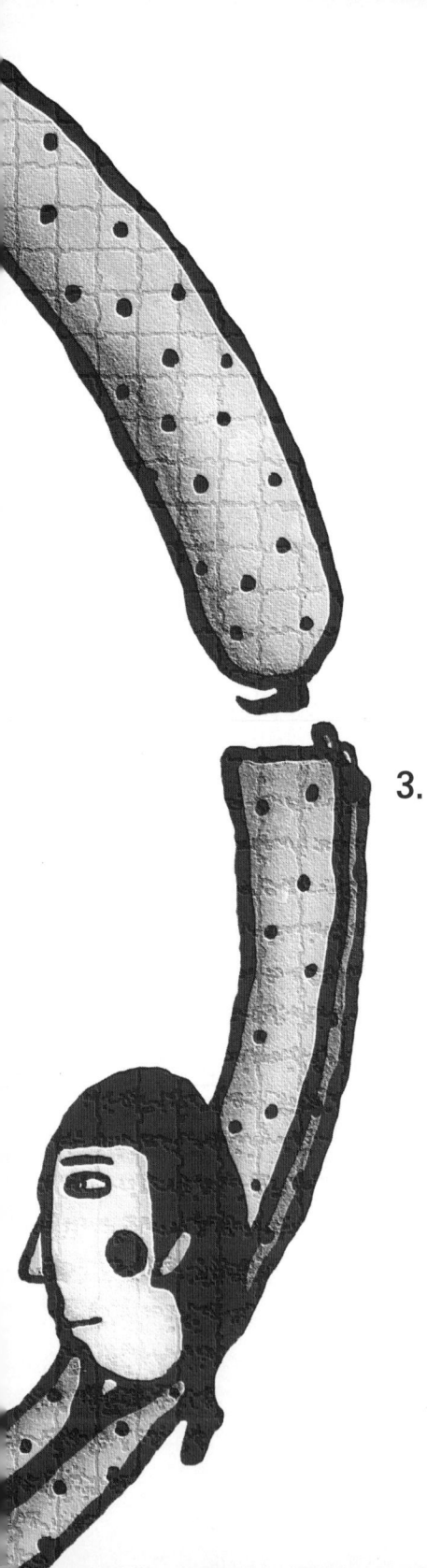

3. 고구려를 한 바퀴

　연개소문은 일찍이 태학에 입학하여 열세 살의 나이에 공부를 마쳤다. 고구려의 최고 교육기관인 태학을 거쳤으므로 지식인이 된 것이다. 유교의 경전을 공부하였고, 불교의 주요 경전도 읽었다. 고구려와 중국 역사도 알게 되었다.
　"공부는 평생을 하는 것이야. 태학을 마쳤다고 해서 자만해서는 안 된다. 그 위에 정신력을 길러야 해."
　연개소문을 염려하는 아버지의 말씀이었다. 한편 아버지는 동부 산성에 있는 믿을 만한 부하 장수에게 부탁하여 아주 어릴 때부터 개소문에게 무술을 가르쳐 왔다. 말을 달리는 법이며, 달리는 말에서 활을 쏘아 표적을 맞히는 법이며, 달리는 말에서 칼과 창을 휘둘러 적을 물리치는 법을 배웠다.
　연개소문은 무술에 자질이 뛰어났으므로 이것을 모두 잘 할 수 있게 되었다. 무술에서만은 뛰어난 듯했다. 지난 동맹 잔치 무술 경기에서 상을 받고부터는 더욱 자신이 생겼다.
　어느 날, 연개소문은 교관을 모시고 집에 돌아와서 아버지께 여쭈었다.

"저의 무술이 제법 틀을 잡은 것 같습니다. 아버님, 저에게 지방의 작은 성을 맡아 지키는 경험을 쌓게 해 주십시오."

아버지 연태조는 조용히 아들을 타일렀다.

"자만하지 말라 하지 않았느냐? 무술도 학문과 같이 끝이 없는 것이다. 이제 시작에 불과한 것을 가지고 그런 생각을 하느냐? 그러나 이런 일도 사당에 고해야 하느니라."

개소문이 사당으로 나간 사이에 막리지는 아들의 교관으로 무예를 가르쳐 왔던 부하 장수에게 물었다.

"아이가 쓸 만한 재주를 가지고 있던가?"

부하가 만족해 하며 대답하였다.

"대감님의 아드님 개소문 소형은 어느 사람에게도 비할 수 없을 만큼 뛰어난 재주를 가지고 있습니다. 모든 기능이 우수하고 용기를 가지고 있습니다. 장래에 훌륭한 지도자가 되기에 충분한 소년으로 보입니다. 대감께서 훌륭한 아드님을 두신 것 같습니다."

"그거 지나친 칭찬 같군."

연태조는 부하의 아들 칭찬이 지나치다 하면서도 기쁨을 감추지 못했다. 그러나 아들이 이런 아버지의 마음을 눈치채지 않는 것이 좋을 것 같았다.

'이 아비가 만족하고 있음을 알면 공부를 게을리할지 모른다. 아이에게는 더욱 채찍질을 해야 돼.'

이것이 아버지 연태조의 생각이었다.

다음으로는 심신 단련이 필요했다. 훈련을 통해 몸과 마음을 더욱 굳게 하는 공부였다.

막리지 연태조는 변방의 산중에서 수도생활을 하고 있는 금강 도사라는 도인 한 사람을 알고 있었다. 그는 마음을 하나로 다스려 무술을 닦도록 가르치는 사람이라 하였다.

연개소문이 아직 어렸을 때였다. 금강도사가 평양성에 온 일이 있었는데 연태조가 특별히 그를 만나서 개소문의 교육을 부탁한 일이 있었다.

"나에게 자식이 하나 있는데 아직은 어리지만 더 자라면 도사께 보낼 터이니 맡아서 가르쳐 주십시오."

"장차 재상이 될 재목을 제가 맡기에는 매우 벅찬 듯합니다만 애써 보겠습니다."

금강도사는 겸손해 하며 연개소문의 교육을 허락하였었다. 이제 아들의 나이가 열세 살이 되었으므로 개소문을 도인에게 보내기로 한 것이다.

아버지는 금강도사에게 편지를 썼다.

"고구려 백성의 운명을 짊어져야 할 아이이므로 전날 부탁드린 대로 덕 높으신 도사께 보냅니다. 매를 때려서라도 훌륭하게 가르쳐 주십시오."

편지를 개소문에게 주고, 두 사람의 군사를 딸려 금강도사를 찾아가 전하게 하였다.

　연개소문은 여러 날의 여행 끝에 변방의 산중에서 금강도사의 초막을 찾게 되었다.

　"막리지 대감의 아들이라고? 음, 여러 해 전에 내가 대감께 약속한 일이 있지."

　편지를 읽은 금강도사는 지난날의 일을 떠올리며 연개소문을 아래위로 훑어보았다. 열세 살의 나이라고 믿어지지 않을 만큼 신체가 장대하고 튼튼했다.

　'대감이 아들을 잘 두었어.'

　금강도사는 속으로 흡족해하였다. 따라온 두 사람의 군사를 돌려보낸 뒤, 도인은 곧 훈련을 시작하였다.

　"너에게는 우선 정신 단련이 필요하다. 마음의 얽매임부터 끊어야 한다. 나의 가르침은 풍월도니라. 마음이 하나 되면 불가능이 없게 된다. 자세를 바르게 하고 앉아라. 허리를 곧게 펴고 눈을 반쯤 뜨고……."

　금강도사의 가르침은 아주 오래 된 수련법이라 하였다.

　"하늘을 공경하고, 조상을 섬기며, 인간과 생명을 사랑함이 또한 풍월도의 가르침이다."

　연개소문은 북데기를 깔고 앉아 금강도사가 시키는 대로 가부좌 앉음을 하였다.

　"너는 도인이 되려는 것이 아니다. 나라를 짊어지고 백성을 잘 다스려야 할 사람이 되어야 하므로 조용히 고구려를 생각하라. 조용한 마음보다 굳센 것은 없느니라."

얼마동안은 같은 수련이 계속되었다. 목마름을 참아야 했고, 몸에서 오는 모든 고통을 억눌렀다.

"마음이 하나 되면 사물의 변화까지도 어렵지 않다. 그러한 마음 자세로 칼과 창을 잡아라. 활을 쏠 때도 그렇게 하라. 한 마음, 한 동작에 나라 사랑하는 마음을 곁들여야 하느니라."

다음은 절벽을 기어오르고, 뛰어넘는 공부였다. 여태 배운 어떤 무술보다도 어렵고 힘이 들었다. 싸움에서 다쳤을 때 치료하는 법도 배웠다.

수십만 군사를 어떻게 움직여야 하며, 싸움에 앞서 군량과 무기를 어떻게 준비해야 하는가를 배웠다.

적을 막기 위하여 성을 어떤 위치에 어떻게 쌓아야 하며 적을 어떻게 둘러싸고 어떻게 나아가서 쳐부숴야 하는가를 배웠다.

백성과 군졸을 어루만지는 방법에 따라 지도자의 덕망이 나타나게 됨을 스스로 깨닫기도 하였다.

"생활의 어느 것도 훈련 아닌 것이 없느니라. 지게를 지고 가서 땔나무를 해 오너라. 이것도 훈련이다."

금강도사의 명령이었다.

연개소문이 지게를 진 것은 이때가 처음이었다.

"칡덩굴을 걷어 와서 광주리를 엮어라. 그 광주리로 산에 가서 열

3. 고구려를 한 바퀴

매를 따 오너라."

무술과 학문은 익혀 왔지만 이런 훈련은 처음이었다. 연개소문은 부지런히 열매를 따서 날랐다.

그러던 어느 날, 열매를 따 온 연개소문의 팔에 상처가 나 있었다.

"어쩌다가 그랬느냐? 조심할 일이지."

금강도사는 그것이 무슨 상처라는 것을 알면서 짐짓 모르는 척하며 물었다.

"호랑이 발톱에 긁혔습니다."

"호랑이라니, 그래서?"

"열매를 따는데 호랑이가 달려들었지요. 한 손으로 목덜미를 움켜잡았습니다. 그랬더니 팔을 확 긁지 않겠어요."

"큰일날 뻔했구나. 그래 호랑이는 잡아 왔느냐?"

"목덜미를 쥐었으니 등을 타고 앉아 목을 쥘 수 있었지요. 그러다가 살려 보냈습니다. 호랑이도 할 수 없었던지 달아나던데요."

"그거 잘했다. 썩 잘한 일이다."

처음 듣는 칭찬이었다. 달려드는 호랑이를 죽여서 끌고 왔더라면 크게 꾸중을 들을 뻔했다는 걸 알았다.

이때부터 한 달 동안은 산 열매와 솔잎과 물만 먹으며 수련을 하였다. 여느 무술과는 다른 것이었다.

"지도자의 덕은 백성에게뿐만 아니라 날짐승, 길짐승과 풀나무에게까지 미쳐야 하느니라."

연개소문은 호랑이를 살려 준 것이 잘한 일이었음을 다시 느꼈다.

이어서 추위가 닥쳤다. 초막의 겨울은 몸서리칠 만큼 추웠다. 연개소문은 허리에 차는 눈 속을 달리며 수련을 하였다.

수련을 하다가도 눈 속을 헤매는 짐승들을 붙잡아다 먹이를 주었다.

금강도사도 초막 가까이에 울을 치고 산짐승들에게 먹이를 나누어 주었다. 산새들에게도 먹이를 주었다.

겨울이 가고 봄이 왔다.

"도끼질, 낫질, 삽질, 쟁기질이 모두 군사 훈련이다."

금강도사는 사람의 초막에 잇대어 외양간을 한 칸 지었다. 그리고 마을까지 내려가서 소 한 마리를 구해 왔다. 농기구는 전부터 준비되어 있었다.

"올해는 이 골짜기를 개간해서 농사를 짓는 거다. 농사를 지어 보지 않고는 농사짓는 백성을 이해하지 못하느니라."

그해 여름과 가을은 금강도사와 연개소문이 지은 곡식으로 식량을 삼았다. 농사짓는 틈틈이, 군사 훈련과 정신 훈련도 매번 거르지 않았다.

"이만 하면 지도자로서의 소양은 닦은 셈이다. 이제는 실천을 하는 일만 남았다. 이 다음에는 무슨 공부를 하고 싶으냐?"
금강도사가 연개소문에게 물었다.
"나라 안을 한 바퀴 살펴보았으면 합니다. 어디에 어떤 산이 있고 어디에 어떤 강이 흐르며 성읍과 마을이 어디어디에 있는지를 알고 싶습니다. 특히 변방에서 나라를 지키고 있는 형편을 알았으면 합니다."

"나라의 지세를 알고 싶어하는구나. 그것은 나라 형편을 살피는 지름길이니라. 장차 나라를 어떻게 지킬까를 생각하면서 돌아보도록 해라. 당장 초막을 정리하고 나서도록 하자."

초막을 정리한다는 것은 지은 곡식을 산 아래의 마을에 옮겨, 마을 사람에게 나누어 주는 일이었다. 이것이 이틀이나 걸렸다.

곡식의 일부는 산새와 산짐승이 먹도록 초막 가까이에 흩어 놓았다. 도인이 손수 만든 여러 개의 가구와 연장 들은 그대로 두기로 하였다.

"마음 내키는 사람이 지나다가 이 곳 초막 안에서 도를 닦을 수 있게 이대로 두고 가자. 나도 이제 나서면 고구려 안의 모든 산과 강을 모두 나의 도장으로 삼으리라. 한 곳에만 머무르지는 않을 것이다."

금강도사가 앞장을 섰다. 그는 길 없는 산허리와 골짜기를 나는

듯이 걸었다. 아무리 도사가 산을 잘 타고 날쌔다 해도 단련을 해온 연개소문이 그 뒤를 따라가지 못할 리는 없었다. 연개소문은 획획 골짜기를 뛰어 건너면서 조금도 숨이 차지 않았다.

고구려는 시조 고주몽이 이끄는 부여족의 한 갈래로 기원전 37년에 압록강 지류인 동가강 유역 졸본 땅에 세워진 나라였다.

고구려 사람들은 용기있고 강인한 국민성을 가지고 있었다. 이유 없이 남에게 굽히지 않았고, 일단 싸움에 나가면 물러서지 않았다. 이것은 아버지로부터 여러 번 들은 이야기다.

임금 유리왕이 왕위에 오르자 서울을 압록강 중류의 북쪽 기슭으로 옮겼는데 이 곳이 국내성이었다. 고구려의 빛나는 역사가 여기에서 꽃피기 시작하였다.

고구려 사람은 먼저 압록강 남쪽 땅을 깊이 침입해 있는 중국의 한나라 세력을 싫어하였다.

고조선 땅에 침입한 한나라가 낙랑군, 임둔군, 현도군, 진번군을 두고 한반도의 북쪽을 지배하고 있었던 것이다. 이것이 바로 한사군이었다.

"우리 땅에 웬 중국 사람이란 말인가?"

고구려는 압록강을 따라 세력을 펼치면서 이들과 한나라 본토와의 교통로를 막았다. 한사군의 목을 조인 것이다.

한족과의 싸움이 계속되었다. 그 결과 한사군은 하나씩 무너졌고, 이들이 지배하던 땅이 단군의 후손인 고구려의 손에 돌아왔다.

고구려는 이처럼 한족과 싸우는 동안에 강한 힘을 기를 수 있었다. 고구려가 계속 요동 지방으로 진출하자 한나라를 대신한 위나라가 고구려에 침입하였다. 이때도 고구려는 유유 장군의 슬기로써 적군을 물리쳤다.

19대 광개토대왕은 23년 동안 왕위에 있으면서 서로는 요동을 완전히 차지하였고, 북으로는 송화강, 남으로 한강까지 국토를 넓혔으므로 나라 땅을 넓힌 대왕이라는 이름까지 갖게 되었다.

뒤를 이은 장수왕은 부왕의 뜻을 받들어 국토를 더욱 넓히고 수도를 평양성으로 옮겨, 오늘에 이르고 있었다.

금강도사는 연개소문을 이끌고 먼저 수나라와의 큰 싸움이 있었던 살수(청천강)로 갔다.

살수의 강물은 맑은 물소리를 내며 흐르고 있었다. 싸움이 지나간 지 15년이 되었지만, 여기저기에 그 흔적이 남아 있었다.

무너진 성벽이 보였다. 투석전을 하기 위해 쌓았던 돌무더기도 있었다. 부러진 화살대가 썩지 않고 흩어져 있었다. 부러진 창대도 있었다. 싸움에 이기고 소리치던 함성이 들리는 듯했다.

"이곳이 수나라 양제의 군사 113만을 맞아 싸운 곳이다. 한 마리 벌레의 생명까지 아껴야 하는 것이 바른 도리이지만 내 생명을 노리는 적은 쳐부수어야 하느니라. 이런 용기 없이 나라를 지킬 수는 없느니라."

금강도사의 말이었다.

수나라 제2대 임금 양제는 도덕적으로도 용서할 수 없는 사람이었다. 그는 아버지와 형을 죽이고 왕위에 올라 중국 땅을 한 손에 거머쥐었다.

"천하에 누가 나와 겨룰 것인가?"

양제는 큰소리를 쳤다. 그러자 신하들이 말했다.

"이웃 나라 고구려가 있습니다."

"고구려? 고구려가 그처럼 두려운 나라인가? 감히 나와 겨루려 하다니, 그렇다면 버릇을 고쳐 주어야겠다."

양제는 곧 티벳과 안남 등 다른 나라를 쳐서 땅을 넓히고 군사의 힘을 길렀다.

"다음은 고구려를 칠 차례이다."

수나라 양제는 군사를 이끌고 와서 요하에 진을 치고 군사를 독려하였다.

이때 고구려의 을지문덕 장군은,

"저 많은 적군을 슬기롭게 쳐부수어야 한다."

하고 짐짓 지는 척하며 수나라 군사를 나라 안 깊숙이 끌어들여 지치게 하였다.

"이건 너무 쉽게 이기는걸. 저 쫓겨 가는 고구려 군사를 좀 보게."

수나라 군사는 고구려 군사를 따라 압록강을 건너고 다시 살수(청천강)를 건너 평양성에 이르렀다. 그런데 고구려군은 성문을 닫고 성 안에 깊이 숨어 버렸고 성은 무너뜨릴 수 없을 만큼 튼튼했다.

을지문덕이 시를 지어 보내며 적의 장수 우중문을 놀렸다.

우중문 자네, 싸움마다 이겼으니
그 공만 해도 만족할 텐데 여기까지
왔는가? 그만 돌아가게나.

이 시를 읽은 우중문이 화가 치밀어 평양성을 에워싸고 공격했지만 성은 끄떡도 하지 않았다.
"속았구나, 속았어."
수나라 군사가 속은 것을 알았을 때는 이미 때가 늦었다. 추위가 닥친데다가 식량이 떨어지고 군사들은 지쳐 있었다.
우중문이 군사를 돌릴 때에 을지문덕은 살수에다 많은 복병을 숨겨 두었다. 물러서는 수나라 군사가 살수를 반쯤 건넜을 때 사방에서 복병이 나타나 반격을 가했다.
수나라 군사는 강물에 빠져 죽고, 칼에 맞아 넘어졌다. 살아 돌아간 수나라 군사는 겨우 2천 7백 명이었다.
이 빛나는 승리의 이야기는 동명성왕이 알에서 태어난 이야기와 함께 흥미있는 설화가 되어 가고 있었다.
"도대체 중국인들은 왜 고구려를 넘보는 것일까?"
연개소문은 적개심에 가슴이 떨리고 저절로 주먹이 쥐어졌다.

3. 고구려를 한 바퀴

4. 커 가는 나라

 압록강을 건너 옛 서울 국내성에 이르렀다. 도읍을 평양성으로 옮긴 뒤, 이 곳은 매우 한적해져 있었다.
 여기저기에 옛 성과 성문이 남아 있었다. 대궐도 우뚝하였다.
 마을 우물에서 아낙들이 물을 긷고 있었다.
 "물 좀 얻어 마십시다."
 도인이 말하자 물을 긷던 아낙이 물 한 쪽박을 떠서 건네 주었다.
 "물맛이 좋구먼."
 여기저기에 우뚝한 왕릉들이 보였다.
 금강도사는 광개토대왕의 비석 앞으로 연개소문을 안내하였다. 광개토대왕이 어떻게 나라 땅을 넓히고 나라의 힘을 떨쳤는가를 높다란 돌에 새겨 놓았다. 침략자를 쳐서 정복하였다는 기록과 함께 도움을 청하는 나라에는 군사를 보내어 도와 주었다는 기록이 뚜렷했다.
 신라 내물왕 때에 왜구가 침입하여, 온 신라가 전쟁에 휩싸였다. 왜구들은 배를 대 놓고 마을로 들어와서 사람을 죽이고 물건을 빼

아갔다.

　용감하고 날랜 신라의 군사들이 나서서 왜구를 쳐부수었으나 도적의 숫자가 워낙 많으므로 고구려에 도움을 청하게 되었다. 광개토 대왕은 5만 명의 군사를 신라에 파견하였다.

　요동벌을 호령하던 고구려 대군이 신라군에 합세하자 왜군은 전멸되고 말았던 것이다.

　고구려의 옛 서울 국내성을 둘러본 연개소문은 가까운 졸본 땅에 이르러, 고구려 초기의 역사를 더듬었다.

　졸본은 고구려가 시작된 곳이며 첫 도읍지였다. 규모는 작지만 옛 궁궐터와 성이 남아 있었다.

　동부여에서 오이 등 세 사람의 젊은이를 거느리고 옮겨 온 동명성왕은 우선 이곳 강가에 오막살이를 지어 임시 궁궐로 삼았다. 같이 온 세 사람을 신하로 임명하고 나라 이름을 정하였다. 그리고 나라 이름 고구려의 첫 글자를 따서 성을 삼았다.

　한 사람의 임금과 세 사람의 신하로 나라 살림을 시작한 고구려가 대국으로 발전하였으니 놀라운 일이다.

　다시 서해로 뾰족 튀어나온 비사성(만주 대련)에 이르렀다. 이곳이 요동의 시작이었다. 여기서 요하를 따라 박작성·오골성·건안성·안시성·요동성 등이 있다.

　모두 성주들이 나누어 다스리는 땅이었다.

　고구려는 지난날 중국과 겨루었던 만큼, 요하를 경계로 하여 튼튼한 성곽 도시가 줄줄이 늘어서 있었다. 중국과의 경계선에 요새를 쌓아 놓고 있었다.

중국의 한족이 쳐들어올 때에 대비하고 있는 것이다.

북에서 남으로 흐르는 요하는 자연의 국경선을 이루고 있었다.

"중국의 침략을 막기 위해서는 요하 쪽의 방어망을 더욱 강화하지 않으면 안 된다."

연개소문은 요하를 따라서 요동의 요새를 모두 돌아보았다.

부여성을 지나 다시 송화강을 따라서 걸었다. 이곳은 동부여의 옛 땅이다. 송화강이 흐르고 있는 흑토 지대가 모두 고구려의 국토가 되어 있었다.

국토를 순회하면서 연개소문은 더욱 고구려의 국력이 강함을 느꼈다. 송화강 기슭에는 고구려에 충성하는 말갈족이 있었다. 말갈족은 숙신이나 읍루로 불리기도 하는데, 부여가 왕성할 때는 그 지배를 받기도 하였다.

옛날부터 중국 사람은 다른 겨레를 멸시해 왔다. 중국의 서쪽에 사는 이민족들을 서융, 남쪽에 사는 이민족들을 남만, 북쪽의 이민족을 북적이라 하여 벌레나 짐승의 획을 넣은 글자로 이름을 지어서 불렀다. 벌레나 짐승 같은 야만인이라는 뜻이었다.

그처럼 거만한 중국 사람들도 배달겨레에게는 나쁜 이름을 붙이지 못하였다. 고구려 · 백제 · 신라를 아울러 동이라고 하였는데, 큰 활을 가지고 용감하게 싸우는 사람들이라는 뜻이었다.

동이족은 지혜롭고 예의바르고 용기가 있었으므로 중국인이 본받을 만한 사람들이었던 것이다. 이들이 가진 활에 대한 중국인의 두려움은 컸다.

말갈 사람들도 활을 잘 만들기로 이름이 나 있었다.

"말갈 사람들은 넉 자에 이르는 활을 만들어 저마다 가지고 다닌대. 화살은 싸리나무로 만드는데 그 끝에 독을 발라서 사용하고 활이 매우 튼튼하대. 그들은 농사보다 사냥을 좋아한대. 활을 잘 쏘니까 그렇지."

하고 중국 사람은 말갈족까지 두려워하였다.

고구려에서는 말갈의 활을 구해다가 중국과 외교를 할 때 선물로 주기도 하였다.

말갈족은 이처럼 좋은 활을 가지고 고구려 군사를 돕고 있었다. 일단 싸움에 나서면 날래고, 죽음을 두려워하지 않았다.

그들이 활을 잘 쏘고, 싸움을 잘 하는 것은 모두 사냥에서 익힌 솜씨 때문이었다. 이들이 살고 있는 곳은 송화강 유역인 밀림의 바다로 이 숲에는 호랑이에서부터 늑대·여우·사슴 등 많은 짐승이 살고 있었다.

말갈족의 사냥꾼은 활과 창으로 짐승을 잡았다. 이때 독화살을 사용하기도 하였다.

"스승님, 이들도 우리 백성이니 말갈 사람의 마을에 한번 들러 보시지요."

연개소문이 송화강에서 가까운 말갈족의 큰 마을 앞을 지나며 말했다.

"그거 좋은 생각이다. 그러나 말이 통할까?"

말갈족의 말은 알아듣기에 힘이 들었다. 또 생활 풍습이 달랐다. 그러나 그들은 이미 고구려의 지배를 받아 온 지가 오래 되었다.

부여 시대의 말갈족은 모두 땅 속에다 굴을 파고 그 안에서 살았다. 그러던 말갈족도 지금은 집을 지어 온돌을 이용해 마을을 이루고 있었다.

말갈족 마을 입구에 큰 활을 든 보초가 서 있었다.

손짓 발짓으로 하룻밤 머물러 가기를 청했다. 그러자 한참이 지난 뒤에야 고구려 말을 아는 젊은이 한 사람이 달려나왔다.

두 사람은 곧 마을의 어른 족장의 집으로 안내되었다. 젊은이의 통역으로 족장과 인사를 나누었다. 고구려가 수나라를 물리쳐 아주 힘센 나라가 되었으니 반가운 일이라고 족장이 말했다.

"여러분들의 활약에 힘입은 바가 컸지요. 고맙습니다."

금강도사와 연개소문이 인사하였다.

"하기야, 나도 그때 우리 부족을 이끌고 고구려군을 도왔지요."

말갈의 족장이 갈무리해 둔 깃발과 활을 내놓았다.

"이 활로 수나라 군사 여럿을 쏘아 맞혔지요."

족장은 시윗줄을 당겨 보였다. 과연 용기가 넘치는 말갈의 족장이었다.

푸짐한 돼지고기 요리가 나왔다. 독한 말갈의 술도 나왔다. 말갈족은 돼지를 많이 길렀다. 돼지를 잡아 그 가죽으로 옷을 지어 입기도 했다. 부여의 지배를 받던 옛날에는 돼지기름을 여러 겹 몸에 바르고 겨울의 추위를 막는 미개한 생활을 하였다 한다.

사실, 이곳은 평양성에 비하면 추위가 아주 심했다. 송화강이 겨울의 다섯 달 동안 얼어붙는 것으로도 알 수 있었다. 그러한 심한 추위를 견디기 위해서는 몸에 기름을 바르는 것이 지혜로운 방법이었을 것이다. 집 가운데에 뒷간이 있고 뒷간을 중심으로 방이 있었다.

그들의 옷은 가죽으로 된 것이 많았다. 돼지가죽뿐만 아니라 사냥에서 얻은 산짐승의 가죽으로 지은 옷도 많이 입고 있었다. 특히 담비의 가죽은 보물로 여겨 족장의 옷을 만드는 데 쓰인다고 했다.

족장은 두 고구려족의 방문객이 보통 사람이 아닌 것을 짐작하는 듯했다. 족장이 무어라고 지시하니 아랫사람이 가죽옷 한 벌과 활한 개를 선물로 내놓았다. 가죽옷과 활이 모두 금강도사에게는 필요하지 않으므로 연개소문이 선물을 받았다.

이튿날 두 사람이 나서려고 하자 한사코 하루 더 쉬어 가라고 했다. 금강도사와 연개소문은 말갈 사람 마을에 하루 더 있기로 하고, 연개소문은 젊은 사냥꾼들을 따라 사냥하는 광경을 구경하였다.

젊은이들은 사냥을 하고 나이 많은 마을 사람들은 밭을 일구어 잡곡을 가꾸었다. 사냥에는 전쟁용 무기들이 그대로 쓰이고 있었다. 말이 쓰이기도 했다. 창을 든 사냥꾼 여러 사람을 골짜기에 복

병으로 숨겨 놓고, 말을 탄 사냥꾼이 활로 위협해 가며 짐승을 그쪽으로 몰고 갔다. 이 때 숨어 있던 사냥꾼들이 갑자기 내달아 창으로 짐승을 찔러서 잡았다.

전쟁과도 비슷한 방법으로 사냥을 했다. 사냥을 잘 하는 사람들이 전쟁도 잘 한다고 하였다. 말갈 사람들이 전쟁에 능한 것은 사냥에서 배운 전술이 있기 때문이라고 생각했다.

저녁이 되어 젊은이들이 잡은 짐승을 메고 오자, 마을에는 잔치가 벌어졌다. 모닥불 가까이에서 술을 나누어 마시며 춤을 추기도 했다. 연개소문도 같이 어울렸다.

이들 중에도 수나라와의 싸움에 나갔던 젊은이들이 있었다. 전쟁터에서 있었던 일을 떠들썩하게 이야기하기도 했다. 통역을 하는 이로부터 말갈족의 풍속에 대해서 여러 가지 이야기를 들었다. 말갈족은 부모가 죽어도 울음소리를 내지 않는다는 것이 이상했다. 고구려 사람들은 부모가 세상을 떠났을 때 큰 소리로 슬프게 우는 풍습이 있었다.

족장이 금강도사와 연개소문에게 어린 아들을 소개했다. 거탕이라는 이 소년은 연개소문보다 두 살 아래였다.

"장차, 나를 이어서 이 부족을 이끄는 족장이 될 것입니다. 지금 무술을 배우고 있지요."

거탕은 눈매가 또렷하고 건강한 소년이었다. 연개소문은 이 소년 거탕에게 활쏘기, 말달리기 내기를 해 보자고 말하고 싶었지만 꾹

4. 커 가는 나라

참았다.
족장이 다시 말했다.
"보아하니 귀한 분 같으신데 신분을 밝혀 주시오."
그러나 신분을 숨기는 것이 좋을 듯했다. 한 사람은 고구려 막리지의 아들이며 다른 사람은 그의 스승이라는 것을 알면 말갈족 마을에서 큰 소동이 날 것이기 때문이었다. 막리지의 아들에게는 예의를 갖추어야 했다. 그들이 얼마나 번거롭고 괴로울 것인가?
금강도사가 말했다.
"저희 두 사람은 아무 지위도 없는 고구려의 평민입니다. 나는 도와 무술을 닦는 사람이고 이 소년은 나의 제자일 뿐이지요. 다만 이 소년의 무예가 뛰어나므로 나라의 인재로 쓰일 것 같습니다. 그때 이 소년을 도와 주시오."
말갈족의 마을을 구경한 것은 좋은 경험이었다. 장차, 연개소문이 나라일을 보는 데에 큰 도움이 될 것 같았다. 이들 족장과 마을 사람이 멀리까지 나와서 작별을 아쉬워했다. 족장의 아들 거탕과도 서로 손을 흔들면서 헤어졌다.
두 사람은 다시 송화강을 거슬러 올라가기 시작하였다.
"백두산에 올라가 보지 않고는 고구려를 다 둘러보았다고 할 수 없다."
금강도사가 앞장 섰다. 물길이 차츰 작아지고 있었다. 백두산 아래, 한 마을에 가서 하룻밤을 쉬었다.

"이 신성한 산 밑에 사는 여러분은 행복하시겠습니다. 백두산에 자주 올라가 보셨나요?"

금강도사의 물음에 주인이 대답했다.

"워낙 높은 산이어서 자주 오르지는 못하지요. 오르는 데 하룻길, 내려오는 데에 하룻길이에요."

그러나 두 사람은 내일 한나절에 하늘못까지 오르고 다시 제일봉에 올랐다가 해질녘에 내려올 계획을 하였다. 단련한 몸이어서 그것은 가능한 일이었다.

이튿날 아침 일찍이 산을 오르기 시작하였다. 숲이 앞을 가로막았다. 구름이 숲을 휘감았다가 날아갔다. 하늘에 오르는 기분이었다. 그 사이사이에 소나기가 내리기도 하였다.

연개소문은 숲속을 살피면서 산을 올랐다. 끝이 없을 듯하던 숲이 끝나자 앞에 높은 바위 봉우리들이 가로막았다. 하나의 폭포에서 웅장한 물소리가 나고 있었다. 백두산 하늘못에서 물을 끌어 내어 송화강을 이루는 백두폭포였다.

한참이나 폭포수를 바라보다가 다시 바위벽을 올라갔다. 봉우리를 넘자 호수가 널찍하게 고여 있었다. 사방에 산봉우리가 둘러 있었다.

"야아! 하늘못이다!"

숙연한 생각이 감돌았다.

두 사람은 하늘못을 한 바퀴 돌았다. 그리고 제일 높은 봉우리에

4. 커 가는 나라

올라 외쳤다.

"우리는 커 가는 나라, 고구려다, 고구려!"

5. 귀족들의 권력 다툼

금강도사와 함께 평양성으로 돌아온 연개소문은 서둘러 아버지를 뵈었다.
"아버님, 개소문이 돌아왔습니다."
그런데 아버지 연태조는 몸져 누워 있었다.
"돌아왔느냐? 잘 왔다. 도사님, 이 아이를 가르치느라 수고하셨습니다."
연태조는 아들과 아들의 스승을 반기며 일어나 앉았다.
"제 힘껏 가르쳤습니다. 앞으로 대감의 자제 개소문은 나라에 쓰일 재목이 되리라 생각됩니다. 무술과 정신훈련을 함께 하였고 이 나라 지세를 두루 살폈습니다. 강과 산과 명소와 성, 요새를 모두 둘러보았습니다."
"그거 아주 필요한 교육을 하였군요."
연태조의 말이 떨어지기도 전에 도사는 일어서려 했다.
"소인은 가 보겠습니다. 이 나라 산천을 도장으로 삼고 수도의 길로 나서야겠습니다."

"아니, 도사. 그게 무슨 말씀이오. 여태 내 아이 때문에 수고를 하셨는데, 그럴 수 있소? 안 되면 며칠이라도 머물러 주시오."

"아닙니다, 저는 좋은 제자를 기른 기쁨만을 지니고 떠나렵니다. 그러나 장래에 큰 일꾼이 될 개소문 소년에게 마지막 예를 올려야지요."

도사는 일어서서 제자 개소문 소년에게 배례를 했다.

"저는 나이가 많아서 소년이 나라일을 할 때에는 세상에 있지 못할 것입니다. 그러므로 먼저 예를 올려 두는 것입니다."

"아니, 이게 무슨……."

연개소문이 어쩔 바를 모르고 쩔쩔매고 있는데 도사는 벌써 대문 밖을 나가고 없었다.

"스승님! 스승님!"

연개소문이 뒤따라가면서 불렀다. 그 때 금강도사가,

"참! 내가 한 가지 전할 말을 잊었군."

하고 뒤돌아봤다.

"개소문 소년은 내 말을 들어 두시오. 핏빛눈이 내리면 전쟁이 닥칠 것이오. 싸움에 대비하시오."

이 말 한 마디를 남긴 도사는 바람처럼 사라졌다.

"그 스승의 은혜는 네가 살아가면서 갚도록 하여라. 나라 위해 일하는 것이 바로 스승의 은혜를 갚아 드리는 것이다."

병석에 누운 연태조가 아들을 타일렀다.

새로 왕이 즉위하면서 득세한 화친파 귀족들은 당나라에 대한 강경책을 거두어 버렸다. 그러자 당나라 사신 심숙안이 마음놓고 고구려에 와서 평양성에 머물고 있었다.

심숙안의 거만한 행동은 눈꼴사나웠다. 고구려의 왕을 이만저만 깔보는 것이 아니었다.

영류왕이 즉위한 이듬해에 당나라의 고조가 새 나라를 세웠다. 이 때 영류왕은 축하 사절을 보내었다.

영류왕 4년(서기 621년)에도 예물을 보내었다. 고구려에서는 나라 사이의 예의로 예물을 보낸 것이지만 당나라에서는 이를 조공이라 하였다.

그러자 영류왕 7년(서기 624년)에는 당나라에서 심숙안을 사신으로 보내어 영류왕을 고구려왕으로 삼는다는 임명장을 전하게 하였다. 예전부터 중국에서는 주변 국가의 왕에게 형식적으로 임명장을 줌으로써 그들이 중국의 정책에 복종하도록 하고 있었다.

영류왕과 여러 귀족들은 이제 당나라와 화친을 맺고 안락한 생활을 즐길 수 있을 것이라며 기뻐하였다. 연개소문은 분개하지 않을 수 없었다.

"아버님, 도저히 참을 수가 없어요."

"그러지 말아라. 때가 오느니라. 때 아닌 때에 분함을 터뜨리는 것은 지각 없는 짓이다."

아버지 연태조가 말렸다.

"바른 일을 실현할 때가 절로 올 것이다. 그러니, 그때까지는 참아야 한다."

그러나 많은 귀족들은 나라 걱정보다 막리지가 병든 틈을 타서 자기 이득을 챙기기에만 바빴다.

아버지는 아들 개소문에게 일렀다.

"너는 옛적 을파소 대감의 정치력과 유유 장군의 충성을 거울삼아야 한다. 그 두분을 본받아 행하면 가히 백성들의 존경을 받을 수 있을 것이다."

을파소는 고구려 9대 임금 고국천왕 때의 재상이었다. 압록곡 좌물 마을 사람인 을파소는 고향에서 조용히 학문을 닦고 농사를 지으며 때가 오기를 기다리고 있었다. 그때 고국천왕은 신하를 통하여 널리 인재를 구하였다. 그때 안류라는 신하가 여쭈었다.

"좌물 마을에 유능한 사람이 있습니다. 백성을 보살필 만한 인물인 것 같습니다."

"그럼, 그 사람을 데려오시오. 우선 그에게 낮은 벼슬을 주어서 시험을 해 봅시다."

고국천왕은 압록곡 좌물 마을로 신하를 보내었다. 을파소는 밭에서 일을 하다가 왕이 보낸 신하를 맞았다.

"귀공께서 나라일을 보살펴 주셔야겠습니다. 대왕께서 그 일로 저를 보내셨습니다."

신하의 말을 듣고 을파소는 무슨 직위를 주겠는가 물었다. 우선,

낮은 직위를 주겠다는 말을 들은 을파소는 왕의 부탁을 사양하였다. 그러자 왕이 다시 신하를 보내어 재상에 임명하겠다고 하였다.
"그렇다면 나가서 일을 해 보지요."
그는 재상의 자리에 앉아 백성을 돌보았다. 착하고 부지런한 백성에게는 상을 주고, 허물이 있는 자에게는 벌을 주었다.
어린 젊은이들에게는 교육과 도덕을 장려하였다.
가난한 농민들에게는 곡식을 꾸어 주는 제도를 마련하였는데, 이것이 진대법이다. 진대법으로 가난한 많은 사람이 구제되었다.
이리하여 고구려는 태평성대를 맞았다. 처음에는 을파소를 못마땅해하던 신하들도 그를 우러러보게 되었고, 고구려가 힘을 크게 떨치게 되었다.
유유는 고구려 11대 임금 동천왕 때의 무신이었다.
이때에 위나라 관구검이 대군으로 고구려를 침입하여 서울인 환도성까지 빼앗았으므로 왕은 남옥저로 피난을 하였다.
나라가 위기에 놓이자, 유유는 용기와 슬기를 발휘하였다.
그는 짐짓 항복을 하는 척하며 단신으로 적진에 들어가 적의 대장을 만났다.
그리고는 예물로 가장해 가지고 간 그릇 속에서 칼을 꺼내어 적장을 죽이고 자기도 자결했다.
이리하여 고구려군은, 우두머리를 잃고 갈팡질팡하는 위나라 군사를 몰아 내고 전쟁을 승리로 이끌 수 있었다.

유유의 죽음이 아니었으면 고구려는 역사에서 사라졌을 것이다.

동천왕은 유유의 나라 사랑을 크게 칭찬하여 벼슬을 높여 주고 그의 아들에게도 관직을 주었다.

아버지 연태조가 말을 하였다.

"나도 을파소 대감과 유유 장군의 정신을 두 기둥으로 삼아 나라 일을 보살펴 왔느니라."

그런데 연개소문의 분통이 터질 일이 생기고 말았다. 그해의 단오날이었다.

"패강(대동강)변에 뱃놀이 구경이나 갈까?"

하고 말을 타고 나섰다.

강변에는 버드나무가 드문드문 서 있고 높은 나무 몇 그루에는 그네가 매여 있었다. 젊은 아낙들이 고운 옷을 입고 나와 그네를 뛰고 있었다.

고운 치맛자락을 날리며 그네를 뛰는 모습들이 아름다웠다. 봄이 무르익어 가는 계절이었다.

강에는 여러 척의 배가 떠 있었다. 뱃놀이를 즐기고 있었다. 배 안에서 노랫소리, 거문고 소리도 들려 오고 있었다.

이 놀이터에 술에 취한 고구려 귀족의 자제들이 몰려다니고 있었다. 새로 득세한 귀족들이 호화로운 옷차림으로 거만하게 떠들며 다니는 것이 꼴사나웠다. 그네 뛰는 주위에 둘러서서 큰 소리로 웃고 떠들더니 아낙네 하나를 낚아챘다.

"어머나!"
다른 여자들이 혼비백산해서 달아나고 있었다.
이 광경을 본 연개소문이 그냥 있을 수는 없었다.
"여보시오, 이거 너무하지 않소? 그 아녀자를 놓아 주시오."
연개소문이 말에서 내려서며 그들을 나무랐다. 그 중 하나가 나서며 소리쳤다.
"네가 왜 간섭이냐. 감히 우리가 누군 줄 알고?"
가소롭다는 투의 말이었다.
"글쎄, 간섭이 아니라 아녀자를 희롱하지 말라는 거요. 높은 집안의 사람들답게 체통을 지켜야지 왜 이러시오?"
그러자 그 중 우두머리인 듯한 청년이 연개소문을 향해 창을 겨누었다. 연개소문이 재빠르게 그 창을 잡더니 창대를 거꾸로 쥐고 휘갈겼다.
십여 명의 귀족 자제와 격투가 벌어진 것이다. 상대는 칼과 창 등 무기를 가지고 있었지만 연개소문의 힘에는 상대가 되지 않았다.
십여 명을 다 넘어뜨린 연개소문은 손을 툭툭 털었다. 그리고 마치 아무 일도 없었다는 듯이 말을 타고 사라지는 것이었다. 그 동안 배운 무술을 보여 준 것이다.
"통쾌하군!"
보고 있던 사람들 입에서 튀어나오는 말이었다.
"저 젊은이가 연태조 막리지 대감의 아들이래."

연개소문이 버릇없는 귀족 자제 십여 명에게 혼쭐을 내어 주었다는 이야기는 그 날로 평양 성내에 퍼졌다.

그런데 이 사건으로 연개소문의 아버지 막리지 연태조는 난처한 입장에 놓이게 되었다.

"막리지 대감. 입궐하라는 어명이오."

대궐에서 몇 사람의 나졸이 문 밖에서 외쳤다.

연태조는 아픈 몸을 겨우 일으켰다.

어제 아들 개소문이 패수 강변에서 귀족 자제 십여 명을 혼내 주었다는 소식은 이미 아랫사람들로부터 듣고 있었다.

"아이가 일을 저질렀구나. 그들이 그냥 있지 않을 텐데."

연태조는 곧 무슨 벼락이 떨어질 것 같은 두려움을 느끼고 있었다. 사실은 이런 일을 자신이 처리해야겠지만 이미 실권이 다른 사람의 손에 넘어가 막리지라는 허울만 지니고 있는 터라 어쩔 수 없었다.

아직은 연태조가 재상의 자리에 있는만큼 귀족이 보복을 하고 싶었지만 함부로 하지는 못했던 것이다. 할 수 없이 그들은 영류왕에게 직접 달려갔다.

"대왕마마, 연태조의 아들 개소문이 도성 내에서 갖은 행패를 다 부리고 다닌답니다."

"그럴 리 있소? 막리지의 아들이 어찌 그럴 리가 있겠소. 그것은 뜬소문일 것이오."

영류왕의 말이었다.

"아닙니다, 소인의 아들을 비롯하여 많은 조정 대신들의 자제들이 행패를 당했는데 가해자는 막리지의 아들이라 합니다."

"연태조의 아들?"

왕은 연태조와 반대 입장에 있는 귀족들을 한 자리에 모았다.

"연 대감이 얼마나 국법을 업신여기고 있었으면 자식이 감히 도성에서 행패를 부리겠습니까? 어명으로 불러들여 책임을 물어야 될 줄로 압니다."

반대파의 반발은 강했다.

연태조의 집안을 잘 아는 신하 한 사람이 말했다.

"연 대감은 아들을 먼 곳으로 보내어 한 사람의 도인으로부터 무술을 익힌 것으로 압니다."

막리지 연태조가 맏아들로 후계자를 삼기 위해 많은 공을 들였다는 것이었다. 그의 아들 연개소문은 아직 소년이지만 힘이 세고, 성질이 사납다는 말을 하기도 했다.

이리하여 연태조를 대궐로 불러들인 것이었다.

어명을 받은 연태조는 대궐 병졸을 잠시 기다리게 한 다음 아들 개소문을 불렀다.

"이야기를 들었다만, 너는 어찌 그렇게도 철이 없느냐? 때가 왔을 때 용기를 내어야지. 어제 너의 행동은 만용이었다."

"아버님, 그 광경을 보고 있자니 참을 수가 없었습니다. 아버님께

심려를 끼쳐 드려 죄송합니다."

연개소문이 아버지 앞에 꿇어앉아 고개를 숙였다. 연태조는 그 길로 대궐로 떠났다.

늙고 병든 연태조는, 이 날 영류왕과 여러 귀족 들로부터 나무람을 당했다.

"제 자식을 잘못 둔 죄가 큰 것을 압니다. 앞으로 잘 가르쳐서 절대 그런 일이 없도록 하겠습니다."

연태조는 사죄를 하였다.

영류왕은 늙은 재상을 더 이상 벌을 줄 수는 없어 막리지의 직위를 빼앗지는 않았다. 다른 귀족들에게는 그것이 퍽이나 불만스러웠지만 연개소문으로 봐서는 다행이었다. 그런대로 일이 잘 처리된 셈이었다.

6. 비굴한 외교

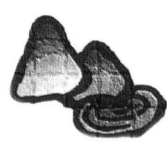

고구려 영류왕은 거의 해마다 사신을 당나라에 보내어 조공을 바쳤다. 고구려의 특산물이나 당나라가 요구하는 물건을 가져가서 바치는 것이다.
"고구려가 많이 달라졌어. 영류왕은 아주 고분고분하단 말이야."
당나라 고조는 좋아하며 고구려 사신을 잘 대접해 주었다.
영류왕 5년(서기 622년), 고조는 이런 글을 보내기도 하였다.

고구려 영류왕에게 내리는 글
내가 공손히 하늘의 명을 받들어 천하를 손에 넣고 만국을 어루만져 달래고 있다. 온 천하 사람이 나의 사랑을 입을 것이다.
나의 뜻은 해와 달이 비치는 곳을 모두 편안하게 하자는 것이다.
영류왕은 변방의 왕으로 요하 동쪽을 통치하면서 나의 명령을 받들고 조공을 빠뜨리지 않으니 칭찬할 만한 일이다.
사신이 산을 넘고 물을 건너와 정성으로 조공을 바치는 데 대하여 나는 매우 기뻐하노라.

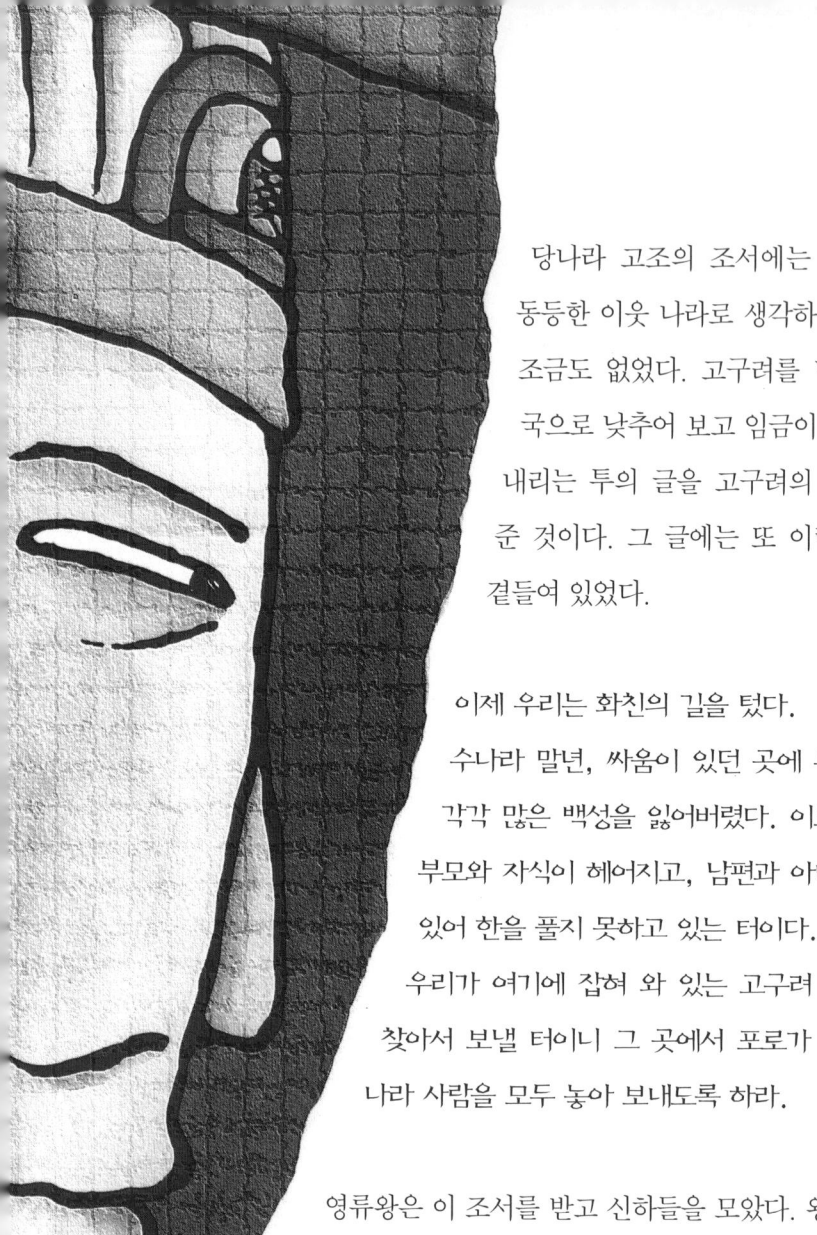

당나라 고조의 조서에는 고구려를 동등한 이웃 나라로 생각하는 태도가 조금도 없었다. 고구려를 변방의 속국으로 낮추어 보고 임금이 신하에게 내리는 투의 글을 고구려의 사신에게 준 것이다. 그 글에는 또 이런 내용이 곁들여 있었다.

이제 우리는 화친의 길을 텄다. 수나라 말년, 싸움이 있던 곳에 두 나라는 각각 많은 백성을 잃어버렸다. 이로 인하여 부모와 자식이 헤어지고, 남편과 아내가 갈려 있어 한을 풀지 못하고 있는 터이다. 우리가 여기에 잡혀 와 있는 고구려 사람들을 찾아서 보낼 터이니 그 곳에서 포로가 된 옛 수나라 사람을 모두 놓아 보내도록 하라.

영류왕은 이 조서를 받고 신하들을 모았다. 왕이 당 고조가 보낸 조서를 내리읽자 막리지 연태조가 여쭈었다.
"당나라 고조 임금의 태도에서 모욕을 느낍니다. 수나라 때도 국서가 오고 갔으나 그들은 언제나 오만했습니다. 그것이 수많은 백성을 죽이는 전쟁의 원인이 되지 않았습니까?"

병든 몸이라고는 하지만 수나라와의 싸움을 승리로 이끌었던 막리지 연태조의 목소리는 힘이 있었다.

그러나 왕은 막리지의 말에 눈살을 찌푸렸다.

"누가 그걸 모르오. 그러나 우리는 그 동안 계속된 전쟁으로 많은 피해를 입었소."

"대왕마마, 우리가 당나라와 겨룰 수 없다는 것은 천부당만부당한 말씀인 줄 압니다. 고구려는 수나라의 백만 대군을 살수 싸움에서 전멸시켰으며 수나라는 그로 인하여 망하지 않았습니까."

"글쎄, 그렇기는 하오만 평화를 위해서는 도리가 없소. 포로를 찾아서 놓아 보내 주는 것은 나쁜 일이 아니니 전국에 지시하여 중국인 포로를 찾아 보내도록 하시오. 지금 각 성에서 붙잡아 두고 있는 포로도 모두 보내도록 하시오."

연태조는 영류왕의 당나라

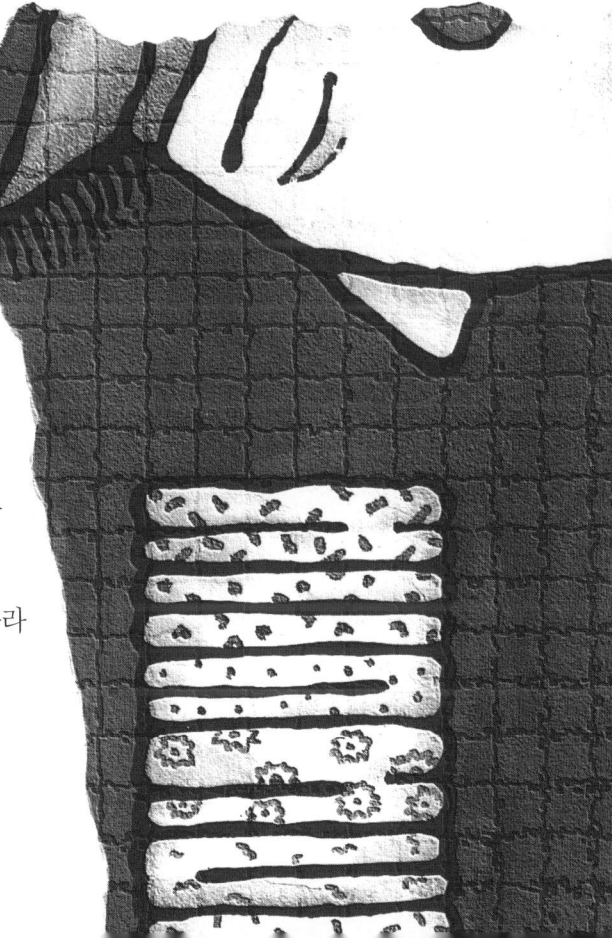

에 대한 자세가 당당하지 못한 점을 염려하여 의견을 내었을 뿐이지 전쟁이 끝난 지금에 이르러 적의 포로를 돌려 보내지 말자는 것은 아니었다.

막리지 연태조는 왕의 명령을 받들어 전국의 여러 성에 지시를 내렸다.

나라에서 옛 수나라 군사의 포로를 자기 나라로 보내 주기로 하였음. 각 성의 성주는 성에서 수용하고 있는 수나라 포로의 인원을 보고하고 정한 날짜까지 요동성으로 보낼 것.

지방의 호족이나 일반 가정에서 데리고 있는 포로까지 모두 찾아서 보낼 것.

요동성 성주는 송환되는 포로들이 머무를 수 있도록 수용소를 만들고, 이들을 먹일 식량을 준비할 것.

포로를 요동성까지 인솔하는 방법을 자세히 지시하였다. 포로 십여 명에 무장한 병사 한 명이 따라야 한다.

수나라와의 전쟁 때에 살아서 돌아간 수나라 군사가 겨우 2천 7백 명밖에 되지 않았다. 그것은 고구려 군사의 칼과 화살에 많은 수나라 군사가 죽기도 하였지만, 사로잡힌 군사가 많았기 때문이었다.

고구려의 성주들은 이들 포로에게 일을 시켰다.

"너희들이 쳐들어와서 부순 것이니 너희들 손으로 원래대로 해 놓고 가거라!"

성주들은 수나라 포로들을 시켜 전쟁으로 부서진 산성을 고쳐 쌓게 하였다. 불탄 성문과 성루를 고치는 데에도 포로의 노동력을 이용하였다. 이때, 고구려 군사는 창과 칼로 무장을 하고 서서 이들을 감독했다.

그런가 하면 잡혀 온 수나라 포로를 노예로 삼아 버린 귀족들도 있었다. 수나라의 포로들이 죄값을 단단히 받고 있는 것이다.

일반 가정에 숨어든 포로들은 그동안에 아주 고구려 사람이 되어 있었다. 이들은 머슴 노릇을 하면서 생명을 이어 가고 있었다. 수나라의 1차 침입 때에 잡힌 포로들은 십 년 이상이나 고구려에 머물러 있었던 것이다.

성주들은 이들 수나라의 포로들을 찾아 한자리에 모았다. 그리고 그들을 큰 소리로 타일렀다.

"너희 나라는 우리의 이웃이었다. 서로 사이좋게 지내야 했을 텐데 수나라는 이웃 나라를 얕보고 들어 줄 수 없는 요구를 해 왔다. 고구려가 너희 나라 말을 들어 주지 않는다 해서 전쟁을 일으켰고, 수나라는 그 전쟁에서 지고 나라까지 망했다. 그러나 너희들을 가엾게 여겨 고향으로 보내기로 한다. 고향에 돌아가거든 이 말을 전하라. 고구려는 넘보지 못할 나라라고……."

포로들은 두려운 생각으로 고구려 땅을 물러나고 있었다. 만만히 보고 쳐들어온 나라였다. 전쟁에 진 옛 수나라의 포로들은 이제 고구려의 국력을 알게 되었다.

'공연히 전쟁을 시작했다가 나라까지 망했으니 도대체 이게 무슨 꼴이람.'

요동성으로 모여드는 수나라 포로들은 생각했다.

포로 교환은 요동성에서 가까운 요하를 사이에 두고 이루어졌다.

그 동안 두 나라를 대표한 사신이 요하에 가까운 고구려, 당나라의 두 성을 오가며 여러 번 회담을 하였다.

당나라측에서는 수나라에 잡혀 간 수천 명의 고구려인과 고구려에 사로잡힌 수나라의 수만 명을 맞바꾸자고 했다.

"수천 명과 수만 명을 맞바꾸다니요? 많은 쪽에서 몸값을 주어야 하지 않겠습니까?"

고구려 사신의 말이었다. 이런 일로 포로 교환이 이루어지기까지는 시간이 걸렸다.

"더구나 이번 전쟁의 책임은 전쟁을 일으킨 수나라에 있는 것입니다. 전쟁으로 끼친 손해까지 물어 내어야 합니다."

연태조가 보낸 고구려측 대표의 말은 논리에 어긋나지 않았다.

"허허, 수나라는 망하고 없어요. 어쩌겠습니까?"

당황한 당나라의 대표가 억지를 썼다.

"당나라가 수나라를 잇지 않았습니까? 그래서 우리는 당나라와 협상을 하고 있는 것입니다."

그러나 고구려 영류왕은 두 나라의 포로를 맞바꾸는 것으로 결정하였다. 분통 터지는 일이었다. 하지만 연태조를 따르는 신하들의 의견은 수용되지 않았다.

차츰 백성들 사이에서 원성이 일게 되었다.

"새 임금이 들어서시더니 정사를 그르치시네. 연 대감은 무엇을 하시는지……."

처음에 백성들은 연태조의 입장도 모르고 왕과 막리지를 함께 원망했다. 그러다가 차츰 대궐 안에서 벌어지는 권력 투쟁을 알게 되었다.

"대왕께서 친당파를 끼고 계시대. 연 대감은 그 반대파야. 수나라와 십 년 전쟁을 치른 분이 당나라라고 해서 고개 숙이겠어?"

백성들은 연태조의 입장을 두둔하면서 그의 편을 들었다. 수나라와의 싸움에서 자식을 잃은 부모나, 싸움터에서 다친 젊은이들의 불만은 이만저만이 아니었다.

그동안 당나라의 시조 고조 이연이 죽고 둘째 아들 이세민이 황제가 되었다. 그가 바로 태종이었다.

이세민은 당나라의 제2대 황제지만 당나라를 세우는 데에 가장 큰 공을 세운 사람이었다.

수나라 말년에 양제가 나라일을 그르치자 군사령관이었던 이세민은 아버지 이연에게 군사를 일으키도록 권하였다. 그리고 지방 호족들과 힘을 합쳐 수도인 장안을 쳐서 빼앗고 자기 아버지를 왕

6. 비굴한 외교

으로 받드는 당나라를 세운 것이다. 그 뒤, 이세민은 여러 지방을 평정하고 당나라를 하나의 통일국가로 만드는 데에도 공이 컸다.

그는 여태까지 아버지 고조의 정치를 돕는 일을 하다가 형제들을 죽이고 황제가 된 것이다.

"천하가 당나라에 굴복하고 있지만, 두 나라는 고분고분하지 않다. 우리가 대적할 나라는 고구려와 돌궐이다."

당 태종은 먼저 고구려를 달래고, 돌궐을 무력으로 치는 정책을 세웠다.

돌궐은 몽고 고원에 세운 투르크족의 나라였다. 그들은 중앙 아시아에 원정을 할 만큼 세력이 강했으므로 호락호락 당나라의 말을 들으려 하지 않았던 것이다.

그래도 당 태종은 무력으로 물리칠 자신이 있었다. 그러나 고구려는 그렇게 만만하지 않았다. 수양제가 고구려를 치다가 1백 만이 넘는 군사를 잃고 나라까지 망한 것을 생각하면 섣불리 군사를 일으킬 만한 나라가 아니었다.

다행히 고구려의 영류왕만은 당나라의 말을 잘 듣는 임금이다. 다만 신하의 일부와 백성들이 중국인에 대한 적개심이 강하다는 것을 그는 잘 알고 있었다.

이전에 고구려 왕에게 사신을 보내 백제, 신라와 화친하라고 했을 때 고구려는 그러겠다는 답신을 보낸 적이 있었다. 당시 백제와 신라는 고구려와 함께 한반도에서 치열한 전쟁을 치르고 있었다.

그리고 외교 관계에서 자기들에게 유리하게끔 상대방을 비난하고 있었다. 특히 신라는 '고구려가 길을 막아서 당나라에 사신을 보내기가 어렵다' 든가, '고구려가 자주 공격하니 당나라에서 그러지 않도록 타일러 달라' 는 등의 부탁을 빈번히 하고 있었다.

이 틈을 타고 당나라는 고구려를 교묘히 약하게 만들려 하였다.

당 태종은 우선 돌궐에 군사를 보내어 돌궐족의 우두머리 힐리극한을 사로잡아 왔다.

그러자 고구려의 영류왕은 이 기회에 더욱 당 태종의 비위를 맞추어야겠다고 생각하고 곧 승전을 축하하는 사신을 그에게 보내기로 하였다. 사신이 가지고 갈 선물은 고구려 전국을 자세히 그린 지도 한 장이었다.

연태조가 왕에게 여쭈었다.

"대왕마마, 이는 아니 됩니다. 지도는 나라의 군사 기밀입니다. 비록 사이가 좋은 나라끼리라도 훗날에 대비하여 상대국에 첩자를 보내어 그 나라의 지도를 만들려고 노력합니다. 적을 막을 요새와 산과 강의 위치와 성과 마을의 위치를 그린 지도를 당나라에 주어 버리면 당나라 군사들이 이를 활용할 것입니다. 아니 됩니다."

그러자 연태조의 말이 끝나기도 전에 왕의 편을 드는 신하 한 사람이 나섰다.

"연 대감의 말씀은 지나친 걱정입니다. 당나라와 화친하려는 이

마당에 지도를 선물하는 것이 가장 효과적인 것으로 압니다. 대왕께서도 이를 아시고 선물을 정한 것입니다. 국가 기밀일수록 그것을 선물하는 우리를 당나라에서 더 믿게 될 것입니다."
"아니, 그게 무슨 당치 않는 말씀이오?"
연태조는 왕의 앞이지만 목소리를 높일 수밖에 없었다.
"연 대감은 지나친 걱정이시라니까요."
"지나친 걱정? 네 차례나 쳐들어온 수나라를 우리는 피를 흘려서 막아 내었소. 어째서 지나친 걱정이라는 거요!"
연태조는 분함을 이기지 못하고 그만 그 자리에서 쓰러지고 말았다.
연태조가 정신을 차린 곳은 자기 집 방 안이었다. 대궐에서 쓰러져 집으로 옮겨지기까지 의식이 없었던 것이다.
아들 개소문의 걱정스러워하는 눈빛이 보였다. 집안 사람들이 모두 허둥대고 있었다.
"이 나라를 장차 어떻게 하면 좋을꼬?"
연태조의 눈에서는 눈물이 흐르고 있었다.
영류왕이 왕의 자리에 앉고부터 실권을 잃은 연태조였지만 나라의 기밀인 지도를 당나라에 보내게 된다는 말을 듣고 아니 갈 수가 없어서 어전회의에 참석하였던 것이다.
동부 부족 대표들과 연태조를 가까이 모시는 신하들이 문병을 왔다.
"내가 죽게 되면 우리 집안은 몰락을 하게 될지도 모른다."
병석에 누운 막리지 연태조가 천천히 입을 뗐다.

"일이 닥치기 전에 영특한 자제를 동부 대인의 자리에 앉혀 두는 것이 좋을 듯합니다."

한 사람이 의견을 내자 대부분 그 의견에 찬동이었다.

개소문은 소형의 낮은 벼슬에 있다가 금강 도사에게 무술을 배우느라 산중으로 들어갔었다. 그리고 지금은 집에 돌아와 어엿한 청년이 되어 있었다.

"자제분에게는 충분한 능력이 있습니다. 동부 대인의 자리를 물려주십시오."

다시 권하는 사람이 있었다.

대인은 아들에게 물려 주기도 하는 벼슬이었다. 따라서 연태조가 허락만 하면 개소문이 대인이 될 수 있는 것이었다.

그러나 반대하는 사람들도 만만치 않았다. 그동안 세력이 약해진 연태조 집안 대신 자신들이 동부를 맡을 수 있으리라 생각했기 때문이었다.

"개소문은 성격이 난폭하여 대인의 자리를 물려받을 수 없소. 지난번에도 사고를 저질러 여러 귀족들 사이에서 평판이 나빠요."

조상 대대로 지켜 오던 지위와 명예를 완전히 잃어버릴 수도 있는 순간이었다.

"그때 일은 제가 잘못한 것입니다. 지금 제가 아버지의 자리를 물려받으면 행동을 조심해 다시는 그런 일이 없도록 하겠습니다."

개소문은 수모를 참아 내며 허리를 굽혔다. 개소문이 스스로 겸

손하게 나오자 귀족들은 더 이상 반대할 명분이 없었다.

이리하여 연개소문은 대인의 임무를 맡아 동부의 부족을 거느리게 되었다.

한편 영류왕은 기어이 지도를 당 태종에게 보내기로 하였다. 그리고 당나라로 가는 사신에게 전보다 많은 수행원을 딸려 보냈다.

고구려의 축하객을 맞은 태종 이세민은 아주 기뻐하며 영류왕을 칭찬하였다. 그리고 고구려의 사신에게 후한 대접을 하였다.

이세민이 당나라 황제가 된 지 오 년이 되는 해였다. 그는 장손사라는 사신을 고구려로 보냈다. 그동안 고구려가 고분고분해지자 당나라 사신은 더욱 거만하였다. 요하를 건너 고구려 영토에 들어오자마자 요동 벌판 곳곳에서 마치 자기네 영토에서 하듯이 전쟁에서 죽은 수나라 병사들의 제사를 지냈다.

그리고 고구려가 세운 경관을 헐어 버렸다. 경관이란 고구려가 수나라 전사자의 시체를 높이 쌓고 흙을 덮은 일종의 전승 기념물이었다.

이제 고구려 사람들은 긴장하지 않을 수 없었다.

그러나 당나라를 받들어야 한다는 신하들은 장손사 앞에서 쩔쩔매었다. 영류왕도 장손사의 비위를 맞추려고 애를 쓰고 있었다.

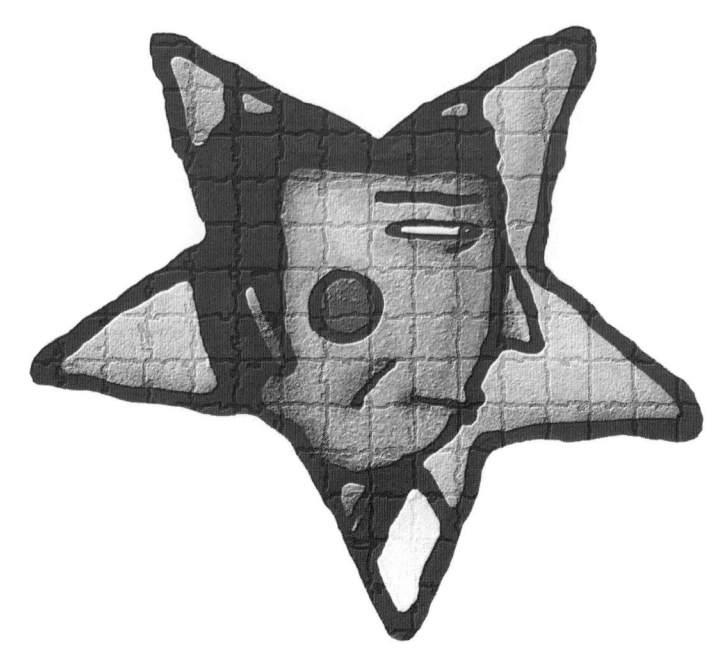

7. 튼튼한 천리장성

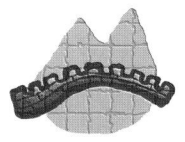

 막리지 연태조가 임종을 맞고 있었다. 슬픈 일이었다.
 세상을 하직하는 연태조를 가까이에서 지켜 보고 있는 이는 동부 대인이 된 그의 아들 개소문과 가족이었다. 동부의 부족을 대표하는 사람들과 귀족들도 그 곁을 둘러싸고 앉아 있었다. 모두 근심스러운 표정이었다.
 "내가 이른 바를 잘 지키거라."
 연태조가 개소문에게 남기는 말이었다. 힘이 없어 말을 잇지 못하였다.
 개소문이 아버지 뒤를 이어 나라일을 맡는다면 할아버지 자유와 아버지 태조의 이름 그리고 집안을 빛내는 일을 해야 한다. 그러자면 자신이 모범을 보여야 한다.
 연태조는 아들 개소문에게 그것을 계속 되풀이해 가르쳐 왔다. 그가 마지막 남긴 말은 여태 가르쳐 온 것을 한 번 더 강조한 것뿐이었다.
 연태조가 세상을 떠나자 늘 그에게 반대만 해 오던 귀족들이 나서서 성대한 장례를 치르자고 하였다. 이제 반대파의 주도자가 없어졌으니 자기들 세상이 될 판이었다. 그러므로 이 마당에 연개소문에게 환심을 사 두자는 속셈이었다.

백성들이 또 한 번 눈물을 흘렸다.

"그래도 연 대감 때문에 수나라와 십 년 전쟁을 이겼지. 을지문덕 장군을 등용한 것도 연 대감이셨어. 그런데 지금의 대왕은 왜 저러실까?"

막리지의 죽음을 슬퍼하는 백성들은 영류왕에 대한 원망을 곁들였다. 동부 부족 사람들은 더욱 그러했다.

연개소문은 한 몸을 나라에 바치고 아버지의 유언을 실천하기로 마음을 다졌다.

그것은 먼저 나라를 튼튼히 하는 일이었다.

어느 날 어전회의에서 연개소문이 두툼한 계획서를 가지고 나타났다. 그는 아버지의 지위를 이어 막리지가 되어 있었다.

"대왕마마, 나라를 튼튼히 하기 위해서는 먼저 당나라와의 경계에 성을 쌓아야 될 것 같습니다. 허락하여 주십시오."

이 '축성 계획'은 연개소문이 나라일을 맡게 되었을 때를 대비해서 일 년 동안에 공을 들여 만든 것이다.

이전에 이 지역의 지형을 살펴본 뒤부터 계속 생각을 하고 있었다. 그러다가 아버지가 죽은 뒤에 아랫사람 몇 명을 데리고 부여성에서 당나라와의 국경선을 따라 바다에 이르는 천 리를 직접 밟으면서 성이 놓일 자리를 정한 것이다.

"대왕마마, 고구려가 수나라를 물리친 위대한 나라임을 다시금 깨우치기 위해 이 축성 계획을 세웠습니다. 이미 쌓은 성벽을 고쳐 쌓을 곳도 있으나 처음부터 새로 쌓아야 할 곳이 대부분입니다. 이 성을 완성하면 그 길이가 천 리에 이르게 됩니다."

백성들이 농사일을 쉬는 겨울철에만 일을 하여 16년의 시간이 걸릴 나라의 큰 사업이었다.

영류왕이 고개를 저었다.

"짐이 당나라와 평화를 도모하려는 이 때에 새삼스럽게 장성을 쌓는다면 당나라가 오해를 할 것이오."

"대왕마마, 성을 쌓음은 국가의 먼 앞날을 위해서입니다. 저 국경 너머에 영원토록 당나라만 있지는 않을 것입니다. 그 때에 가서는 이 성이 나라를 지켜 줄 것입니다."

연개소문은 천리장성이 있어야 됨을 거듭 주장하였다. 왕에게는 먼 앞날을 위해서라고 하였지만 곧 닥치게 될지도 모르는 당나라의 침입에 대비하기 위한 것이다.

왕은 속으로 생각하였다.

'이 젊은이는 호락호락하지 않구나. 연태조와는 달라. 어떻게 하든 등용을 하지 말 것을 그랬어.'

전대의 막리지 연태조도 왕이 당나라의 신하 노릇하는 것을 못마땅하게는 여겼지만 늙고 병든 몸이어서 행동으로 왕을 가로막지는

7. 튼튼한 천리장성

못하였다. 그런데 연개소문은 그의 아버지와는 달랐다. 나라일을 밀고 나가는 힘을 지니고 있는 젊은이였던 것이다.

또한 연개소문을 따르는 신하들이 계속 막리지의 정책을 지지하고 나섰다.

"우리는 먼 후손을 위해 일을 해 두어야 합니다. 이 성이 이루어지면 대왕마마께서도 후손들로부터 칭송을 받게 되실 것입니다. 성을 쌓는 계획을 허락하여 주십시오."

반대파 사람들이 왕을 편들기는 하였지만 그들의 주장은 명분이 없었다. 더구나 얼마 전 당나라 사신 장손사가 찾아왔을 때 경관을 허무는 등 오만한 행동을 해서 나라 사람들의 경계심이 높아져 있을 때였다. 모두가 수나라에 대한 적개심을 가지고 있었고, 당나라와 수나라가 다른 것이 없다는 사실을 알고 있었다.

영류왕은 천리장성을 쌓는 계획을 허락하지 않을 수 없게 되었다. 그러나 연개소문에 반대하는 귀족들은 못마땅해하였다.

이 천리장성을 다 쌓는 데는 16년의 세월이 흘렀다. 그동안 고구려의 젊은이들이 요동 천리에 늘어서서 성을 쌓느라 땀을 흘리고 있었다. 그러자 성을 쌓는 데 동원된 젊은이들의 집안에서는 불만이 싹트기 시작하였다.

"당장 전쟁이 시작된 것도 아닌데 성을 쌓는다고 젊은이들을 다 데리고 가니 농사일은 누가 한담."

이러한 분위기에 편승하여 귀족들은 연개소문을 탄핵할 기회를 엿보고 있었다.

고구려 젊은이들이 나서서 당나라와의 국경선에 성을 쌓기 시작했다는 보고가 곧 당나라에 전달되었다.

고구려가 당나라의 속국으로 있어 주기만을 바라던 당나라 임금 태종이 이 보고를 받고 고개를 갸웃거렸다.

'고구려가 당나라의 말을 듣지 않겠다는 것은 아닐까?'

당 태종은 곧 신하 한 사람을 불렀다.

"지금 곧 고구려로 떠나시오. 영류왕을 만나서 어째서 장성을 쌓는지 따져서 대답을 들어 오시오."

사신은 말을 달려 요하를 건넜다.

과연 고구려의 젊은이들이 성을 쌓고 있었다. 몇만 명인지 모를 많은 사람들이었다.

책임자 되는 감독을 만나 이야기도 하고 일하는 광경을 살피다가 평양성으로 가서 영류왕을 만났다.

"황제께서 고구려 축성의 연유를 물어 오라는 분부를 하셨습니다. 혹시 당나라에 침입하려는 것은 아닌지요?"

영류왕은 막리지 연개소문을 시켜 대답을 하도록 하였다.

"국경에 튼튼한 성을 쌓는 것은 나라의 먼 장래를 위한 것뿐입니다. 우리 고구려에서는 대왕을 비롯하여 온 국민이 당나라와 화친하기를 바라고 있습니다. 그렇게 되도록 노력을 하고 있습니다."

듣고 보니 고구려가 당나라를 침입할 생각은 조금도 없었다. 사신은 고구려의 여러 곳을 돌아보고 당나라로 돌아갔다.

나라일을 맡은 연개소문은 공연한 일로 당나라와 사이를 나쁘게 할 필요는 없다는 생각을 가지고 있었다. 그래서 외교에도 변함없이 힘을 기울였다.

당나라와는 이웃 나라 사이의 예의로 대했다. 그러나 고구려도 큰 나라인만큼 당나라와는 대등한 관계가 되어야 한다고 생각했다. 고구려는 당연히 당나라를 섬겨야 한다는 당나라의 생각을 받아들일 수 없었다.

사신이 돌아와서 보고하는 말을 듣고 당나라 태종은 일단 안심하게 되었다. 그러나 해마다 겨울이면 고구려 젊은이들이 와서 성을 쌓고 있다고 하였다. 튼튼한 성이 점점 뻗어 가고 있다는 정보를 듣고 보니 마음이 놓이지 않았다.

"연개소문이 고구려를 휘어잡더니 우리와는 사이가 아주 불편해졌어."

고구려가 천리장성을 쌓기 시작한 지 십 년이 되자 당 태종은 화가 치밀기 시작했다.

"그 연개소문이 아직도 성 쌓기를 계속하고 있단 말이지?"

"예, 천리에 뻗친 성을 쌓는 공사가 착착 진행되고 있습니다."

"괘씸한 것 같으니라구……."

태종은 고구려 영류왕에게 글을 써서 또 사신을 보냈다.

근래에 고구려와 우리 나라 사이에는 좋지 못한 일이 많소. 고구려가 정 이러면 우리와의 사이는 매우 나빠질 것이오. 각오하시오.

이것은 고구려의 왕을 위협하는 글이었다. 당 태종의 글을 받은 영류왕은 화가 난 당 태종의 모습을 떠올리며 두려워했다.

'이를 어찌하면 좋을꼬?'

생각하던 끝에 태자 환권을 당나라에 친선 사절로 보내기로 하였다. 영류왕 23년(서기 640년) 2월이었다. 이 날 영류왕은 중신들을 어전에 모았다. 왕은 무겁게 입을 뗐다.

"국경에 성을 쌓고 보니 아무래도 당나라에서 오해가 있는 것 같소. 이러다가는 화를 부르게 될지 모르니 태자를 특사로 파견하여 축성이 당나라에 대한 방위용이 아님을 해명하려 하오."

태자가 당나라에 가게 되면 그 곳에서 많은 문물을 배워 오게 할 것이라는 말을 곁들였다.

"아니 되옵니다, 대왕마마. 귀한 몸이신 태자를 만리 타국에 보내시다니요. 그것은 나라의 체면을 봐서도 아니 됩니다. 태자가 이웃 나라에 가는 일은 전쟁에서 지고 볼모로 잡혀 가는 것과 다르지 않습니다. 이는 당나라의 요구에 항복하는 것이므로 나라의 체모로 봐서도 안 될 것으로 압니다."

막리지 연개소문이 왕의 의견에 반대하였다.

"그 일만은 아니 될 줄 압니다. 천만부당한 처사이옵니다."

막리지와 의견을 같이하는 신하들이 동조를 하였다.

"짐과 막리지의 의견은 어찌 이렇게도 맞지 않을꼬?"

왕은 화를 내었다. 어쨌든 모든 결정권은 왕에게 있는 것이었다.

많은 신하의 반대를 무릅쓰고 왕은 태자를 당나라에 보내기로 결정하였다.

태자를 당나라에 보내어야 한다는 주장을 하는 몇몇 신하를 시켜 국서를 쓰게 하였다. 당나라의 비위에 맞춘 글이었다.

"황제 폐하께 올리는 글이라는 말을 적으시오."

왕은 다음 글을 이었다.

"만천하를 이롭게 하는 일월과 같은 분이라는 말을 적으시오. 그리고 고구려의 축성이 당나라에 대적하기 위함이 아니라는 말을 곁들이시오."

임금이 하는 일을 말릴 수는 없었다. 신하는 다만 의견을 여쭙는 일을 할 뿐이었다.

영류왕은 태자를 모시고 갈 신하와 호위 군관을 임명하였다.

태자가 당나라로 떠나는 날, 여러 신하가 늘어서서 떠나는 태자를 전송하였다.

"태자는 짐의 간절한 뜻을 당나라에 전하라."

왕의 부탁이었다.

"태자마마, 부디 옥체를 보중하소서."

신하들이 모두 땅에 엎드려 절을 하며 태자를 보내었다.

국경에 이르러 태자는 쌓여 가고 있는 천리장성을 바라보았다. 그가 국경을 무사히 넘을 때까지 큰 길가에 백성들이 모여들어 환송을 했다.

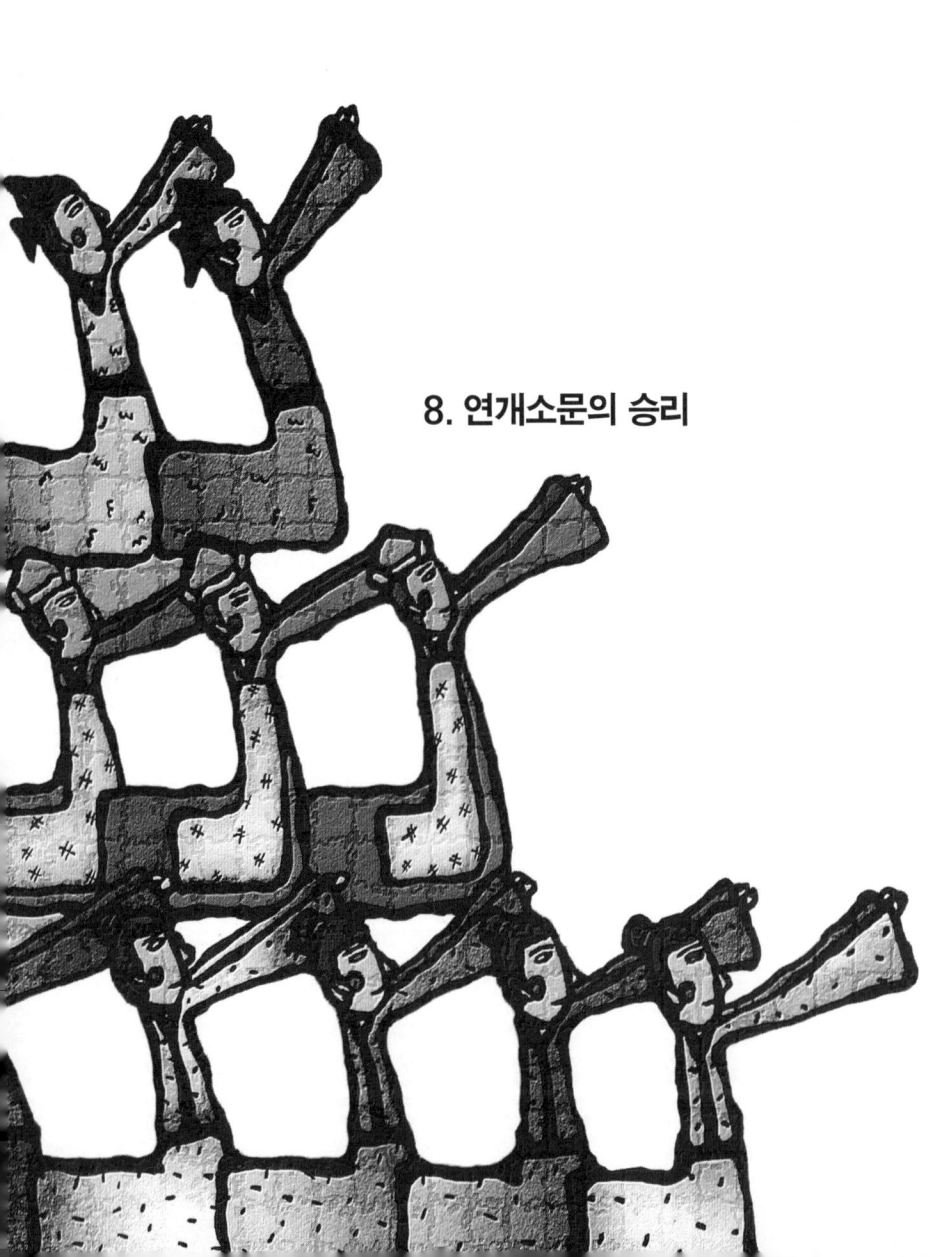

8. 연개소문의 승리

태자 환권은 이 해의 겨울이 시작될 무렵에 돌아왔다.
"소자, 임무를 마치고 돌아왔습니다."
태자가 영류왕에게 보고를 했다. 당나라 태종에게 선물을 드렸더니 태종이 기뻐하더라는 것, 당나라로부터 후한 대접을 받았다는 것, 고구려 유력자의 자녀들을 당나라에 유학하도록 허락해 주었다는 내용이었다.
"태자가 그처럼 나라의 큰일을 하였구나. 기특하도다."
영류왕이 태자를 칭찬했다. 고구려가 당나라의 속국으로 단단히 얽혀진 듯했다.
또 다른 신하들은 속으로 생각하였다.
'태자를 보내도 아무 일도 없는 것을 연개소문 일파는 괜히 호들갑만 떨고 있었군. 성 쌓는 일도 언젠가는 중단하게 해야 돼!'
그러나 당나라 태종은 고구려를 미덥게 여기지 않았다. 그는 진대덕이라는 신하를 불러서 일렀다.
"고구려 태자가 장안을 다녀갔으니 우리도 답례를 해야 되겠소.

"경이 고구려를 다녀오시오. 이번 고구려 방문은 다른 뜻이 있소. 아직까지도 저 나라는 미더운 것이 아니니 정탐을 해 오라는 거요. 군관을 함께 보낼 터이니 그들을 동원해서라도 정보를 많이 수집하시오."

태종은 진대덕에게 많은 비단을 주며 그것을 뇌물로 쓰라고 했다. 군관을 거느린 진대덕이 이르는 성읍마다 비단을 주면서 관리자들에게 물었다.

"이 성에는 군사가 얼마나 되오?"

"성읍의 각 창고에는 곡식이 얼마나 쌓여 있소?"

평양성에서는 진대덕이 사신으로 온다는 연락을 받고 영류왕이 호위병과 신하들을 늘여 세우고 일행을 맞이하였다.

"황제께서 고구려에서 태자를 보내어 조공해 주신 것을 기뻐하시고 그 답례로 저를 파견해 주셨습니다."

진대덕이 영류왕에게 내린 글을 전했다. 왕은 기쁜 마음으로 당나라 사신과 따라온 군관들을 대접하였다.

"대왕께서 잘 아시다시피 우리 당나라는 돌궐을 쳐서 멸망시킨 뒤, 지난 해에는 늘 말썽을 부리던 고창국을 멸하고 거기에다 안서 도호부를 세웠습니다."

당나라 사신 진대덕의 말이었다. 너희들도 말을 잘 듣지 않으면 돌궐이나 고창국과 같은 신세가 될 것이라는 위협이었다.

당나라 태종은 아버지 고조로부터 왕위를 물려받은 뒤 사 년 만에 만리장성 북쪽에 있던 돌궐족을 쳐서 멸망시켰다. 다음으로 서쪽의 이민족 국가인 고창을 쳐서 땅을 빼앗은 것이다.

이번 당 태종의 글에는 진대덕으로 하여금 고구려의 여러 곳을 돌아볼 수 있게 해 달라는 요청이 있었다.

진대덕이 영류왕에게 여쭈었다.

"대왕님, 저는 경치 좋은 산천을 즐겨 찾아다닙니다. 고구려는 특히 국토가 아름다운 나라이므로 여기까지 온 김에 유람을 했으면 합니다."

수나라와의 전쟁 때 포로가 되었다가 여태까지 고국으로 돌아가지 못한 동포들을 찾아서 가족의 소식을 전해야겠다는 핑계를 대기도 하였다.

당나라와 고구려가 요하를 사이에 두고 포로 교환을 한 것이 벌써 20년이 되었다. 그 때에 돌아가지 않은 약간의 포로들은 고국으로 돌아가기를 바라지 않는 사람들이어서 벌써 고구려 사람이 되어 있었다.

이들을 모두 찾아보겠다는 것은 고구려를 고루 뒤져서 정보를 얻겠다는 속셈이다.

영류왕은 진대덕의 요구를 들어 주기로 하였다.

이 일에서 영류왕과 연개소문의 의견이 또 한 번 맞서게 되었다.

"아니 됩니다, 대왕마마. 저 사람은 당나라의 밀정일 수도 있습니다. 경치 좋은 곳을 찾아 구경한다는 핑계로 우리 나라의 기밀을 찾아 내려는 것입니다."

연개소문은 진대덕에게 유람을 허가해서는 절대 안 된다는 의견이었다.

"그야 황제의 부탁인데 어찌 허락하지 않을 수 있소?"

연개소문과 의견을 같이하는 신하들이 말했다.

"대왕마마. 진대덕이 우리 나라에 와서 먼저 고창국 정벌을 이야기하는 것은 다음에 고구려를 칠 수도 있다는 말로 들립니다. 그렇다면 당나라에서 보낸 밀정이 틀림없을 것입니다."

그러나 영류왕의 생각을 거둘 수는 없었다.

"대왕마마 지난번에 태자를 보낼 때도 아무 일도 없는 것을 호들갑만 떨지 않았습니까? 이번에도 연개소문은 별일 없을 것을 가지고 저러는 것입니다. 연개소문은 괜한 걱정으로 성을 쌓게 하는 등 국력을 낭비하였습니다."

이리하여 왕의 허락까지 받은 진대덕은 부하 군관을 거느리고 각 성읍으로 다니며 기밀을 탐지할 수 있었다.

연개소문이 이런 일이 있을 것을 먼저 짐작하고 각 성주들에게 연락을 해 둔 것이 있었다. 그것은 당나라의 사신에게 엉터리 정보를 제공하라는 것이다.

진대덕은 거의 일 년이 넘게 고구려에 머무르면서 고구려의 사정을 샅샅이 살피고 돌아갔다.

당 태종이 기뻐하며 밀정의 임무를 수행하고 온 진대덕을 반갑게

맞았다.

"수고가 많았소. 고구려의 사정은 어떠하던가?"

"당나라의 말을 듣지 않던 고창국을 멸망시켰다는 말을 하였더니 고구려에서 매우 두려워하며 좋은 잠자리와 좋은 음식으로 우리 일행을 대접해 주었습니다. 그리고 그 나라에 대한 많은 정보를 조사해 왔습니다."

진대덕이 고구려의 형편을 자세히 보고했다. 보고를 다 들은 태종이 말했다.

"수십만 군사로 고구려의 요동을 치게 되면 고구려에서는 전 병력으로 요동을 구하려 할 것이오. 이때 수군을 바닷길로 보내어 평양성을 공격하면 그 나라를 빼앗기는 어렵지 않을 것 같소."

"매우 좋은 계획인 것 같습니다."

진대덕이 맞장구를 쳤다.

"그러나 당장은 전쟁을 일으키지 않을 것이오. 아직도 수나라 때의 전쟁으로 입은 우리 산동 지방 백성들의 피해가 완전 복구되지 않고 있소."

고구려가 말을 듣지 않을 때 언젠가는 버릇을 고치겠다는 당 태종의 말이었다.

천리장성 공사는 순조롭게 이루어지고 있었다. 그런데 당나라와 화친하며 자신의 세력 키우기를 노리는 못된 무리들이 연개소문을 모함했다.

"연개소문은 그의 아버지 연태조에 이어서 당나라와 화친하자는 정책에 늘 반대하고 있습니다. 우리가 미루어 생각했던 그대로의 일이 벌어지고 있습니다. 그를 없애지 않고는 나라가 평안하지 않을 것입니다."

영류왕은 그 말에 동감을 하고 연개소문을 죽일 계획을 몰래 추진하고 있었다.

영류왕 25년 봄이었다. 이 해에도 고구려는 사신을 보내어 당나라에 조공을 바쳤다.

10월이 되자 여느 해와 다름없이 젊은이들은 축성 작업에 동원되었다.

"연개소문을 없애려면 지금이 가장 좋은 때입니다. 연개소문을 성 쌓는 공사장에 파견하여 현지에 머물도록 명령하십시오. 그의 주장으로 성을 쌓기 시작했으니 감히 거부하지 못할 것입니다. 그리고 오랫동안 지방에 머물게 하여 그의 추종자들이 떨어져 나가게 한 다음, 적당한 구실을 붙여 처단하면 아무 탈이 없을 것입니다."

반대파 귀족들이 왕에게 여쭈었다.

연개소문의 건의로 성을 쌓기 시작한만큼 이 일에는 동부의 사람들이 앞장을 서고 있었다.

곡식을 거두어들인 10월에 동맹 잔치가 열렸다. 제사가 끝난 다음에는 온 국민이 좋은 음식을 차려서 먹고 춤추고 노래하면서 여러 날을 즐겼다.

그러나 동부 대인 연개소문이 직접 거느리는 동부의 마을에서는,

"자, 놀이를 줄이고 성을 쌓으러 갑시다. 성을 튼튼히 해 놓아야 당나라가 넘보지 않지요."

하고 사람들은 요동으로 나섰다. 마을에는 노인과 부녀자, 어린이들만 남게 됐다.

동부의 군관들은 작업을 감독해야 하므로 일반 장정에 앞서서 요동으로 가 있었다. 본부에는 성을 지키는 약간의 군인만 남겨 두었다. 이리하여 동부에 할당된 축성이 가장 먼저 그 모습을 드러내고 있었다.

그러던 중 연개소문은 왕의 명령을 받게 되었다.

"지금 성 쌓기가 계획대로 잘 되어 가고 있는지 막리지가 직접 가서 확인하고 감독하도록 하라. 연락이 필요하면 사람을 보내도록 하고, 막리지는 공사가 끝날 때까지 현지에 남아서 임무를 다하도록 하라."

국왕의 명령은 거부할 수가 없었다. 한편으로는 자신이 지방에 내려간 사이에 반대파 귀족들이 혹시 모함이나 일삼지 않을까 걱정도 되었다.

그러나 여러 곳을 돌아다니며 현지의 공사 책임자들이 겪는 어려움을 직접 이야기로 듣는 것도 좋은 기회라 생각되었다.

연개소문은 요동으로 떠날 준비를 하던 중 영류왕과 귀족 들이 짜고 자신을 죽이려 한다는 계략을 알게 되었다.

"지금 대감을 지방으로 내려 보내는 것은 대감을 제거하기 위한 구실에 불과하다고 합니다. 중신 몇 사람들이 짜고 대감을 죽일 계획을 세우고 대왕도 찬성했다고 합니다."

"그럴 리가 있겠소?"

연개소문은 처음에는 의심을 하였지만 차근차근 이야기를 듣고 보니 그것이 사실이었다.

"이 지경이 되었는데도 먼저 손을 쓰지 않으면 어떻게 되겠습니까? 속히 대책을 마련하십시오. 우리는 대감의 분부라면 목숨을 버릴 각오가 되어 있습니다."

연개소문은 시간이 촉박하다는 것을 깨달았다. 다행히 자신을 따르는 군사들이 아직 요동으로 떠나지 않은 때였다.

연개소문은 군관들을 모아서 의논하였다.

"국가를 위한 일인만큼 왕을 바꾸어야 합니다."

"반정을 하자는 건가?"

"참으로 죄스런 일이지만 나라를 위해서는 도리가 없습니다. 이대로 당하고 있을 수는 없습니다. 그리고 우리 고구려가 당나라에 굴복하여 약한 나라로 떨어져 버리는 것은 참을 수 없습니다. 이 것은 나라를 바로잡는 일이며 그만큼 정의롭고 명분이 있는 일입니다."

"그렇다면 다음에 모실 대왕으로 어느 분이 좋으실까?"

"주상의 조카가 되시는 보장 왕자가 좋을 듯합니다."

"나의 생각도 그렇소."

보장 왕자는 영류왕과 배다른 동생의 아들이었다. 그는 왕의 조카였지만 그다지 높은 대우를 받지 못하고 있었다. 영류왕의 아우이며 보장의 아버지 태양은 영류왕의 의심을 받아 정치에 참여하지 못하고 있었다. 그는 연개소문의 아버지와 친한 사이였고, 나라일에는 늘 뜻을 같이하였다.

보장이 다음 왕으로서 적격자라는 것은 연개소문도 알고 있었다. 드디어 연개소문은 마음의 결정을 하였다.

연개소문이 거사 계획을 발표했다.

먼저 왕의 호위병을 무장 해제한다.

무사안일하게 국방에 신경쓰지 않고 고구려를 당나라 속국처럼 만들려 한 영류왕을 폐위시키고 보장을 왕위에 앉게 한다.

자신의 국방강화 정책을 반대하고 목숨까지 해치려 한 귀족들을 감옥에 넣는다. 그러나 반성하는 자는 용서한다.

앞으로의 정치에는 새 임금을 모시고 강한 고구려를 만들어 나가도록 한다.

연개소문은 자신을 따르는 군관들과 함께 비밀리에 계획을 세워

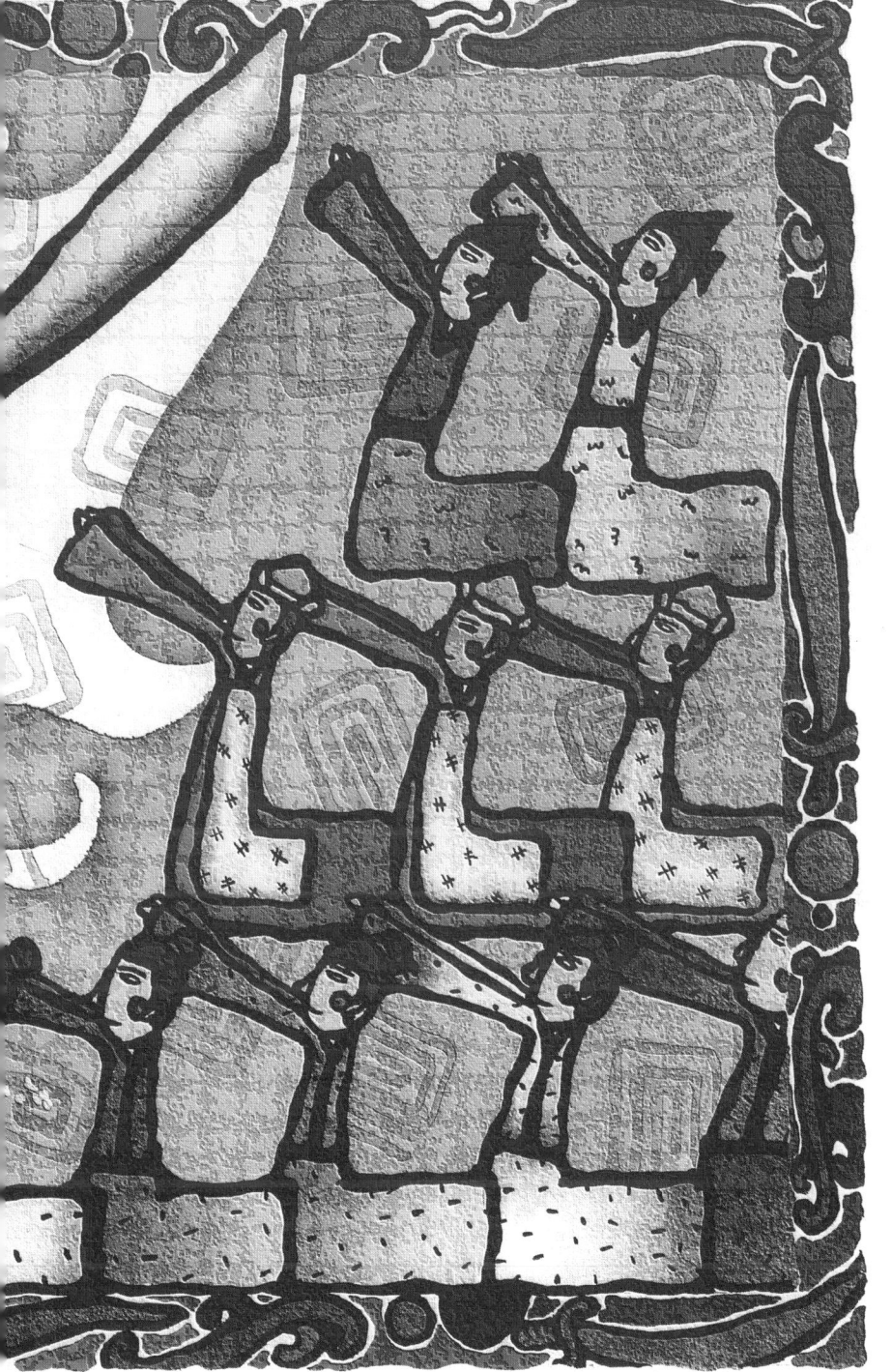

나갔다.

연개소문은 축성 작업을 감독하러 떠나는 날을 잡아 크게 잔치를 열고 영류왕과 대신 들을 초대하기로 하였다.

성 안의 연병장을 넓히고 여러 개의 천막을 쳤다. 그리고 음식들을 넉넉하게 준비하였다. 왕을 초대하는만큼 잔치는 성대해야 했다. 연개소문은 아랫사람을 영류왕에게 보내어 여쭙도록 하였다.

"대왕마마, 축성 작업은 잘 이루어지고 있습니다. 특히 동부에서는 모두 성을 잘 쌓고 있는데, 내일 요동의 작업장으로 가기 전에 저희 연병장에서 대왕마마를 모시고 잔치를 베풀까 하옵니다. 겸하여 저희 성에 있는 군인들로부터 사열을 받으시면 좋을 듯합니다."

"그거 반가운 일이오."

왕은 승낙을 하였지만 유쾌한 것은 아니었다. 나라일에 자주 반대 의견을 내세우는 연개소문을 이번 기회에 처단하기로 계획을 했기 때문이었다. 그러나 내색은 할 수 없었다.

'연개소문이 일단 지방으로 떠나기만 하면 그를 따르던 무리들도 풀이 죽을 것이다. 아무 의심없이 떠나도록 해 주어야지.'

연개소문을 제거하는 일은 나중에 몇몇 신하들이 기회를 보아서 할 일이었다. 그러나 그 일에 앞서서 연개소문이 직접 거느리는 동부의 형편을 좀더 알아 둘 필요도 있었다. 이런 일도 있고 해서 왕은 동부로 행차를 하기로 하였다.

이튿날 영류왕은 화려한 수레를 탔다. 앞뒤 좌우에는 호위병이 따랐고 중신들이 그 뒤를 따랐다. 그야말로 잔치에 참석하는 복장이었고, 아무런 준비가 있을 리 없었다.

성문을 들어서자 넓은 연병장에 수천 명 군인들이 정연하게 줄지어 서서 왕을 기다리고 있었다. 왕은 수레를 탄 채 그들 앞을 지나며 사열을 했다.

사열이 끝난 뒤 왕은 화려한 좌석으로 안내되었다. 임시로 만든 옥좌였다. 좋은 음식이 진열되어 있었다.

한 차례 술이 돌고 난 다음 좌석으로 둘러싸인 마당 한가운데서 노래와 춤이 시작되었다.

아주 즐거운 자리가 되었다. 왕은 신하 들과 마신 몇 잔 술에 취기가 돌았다.

그때였다. 동부 군인 수천 명이 일시에 달려들어서 무장을 한 왕의 호위병을 결박했다.

한 사람에게 십 여 명이 달려들었으므로 당해 낼 수가 없었다. 연개소문이 칼을 들고 일어서서 소리쳤다.

"이자들을 감옥에 넣어라!"

그날, 왕을 따라온 신하는 모두 연개소문을 해칠 계획에 가담한 자들이었다.

왕까지 포박을 당했다.

그 길로 연개소문은 군졸을 거느리고 왕궁으로 달렸다. 왕궁의 수위병도 모조리 포박을 당했다.

8. 연개소문의 승리

곧 또 하나의 수레가 왕궁으로 들어왔다. 왕관에 제복을 갖춘 왕이었지만 그는 영류왕이 아니었다.

영류왕에 의해 억눌려 지내던 왕의 조카 보장 왕자였다.

이 날의 반정으로 보장이 왕위에 올랐다. 이가 바로 고구려 마지막 왕 보장왕이었다.

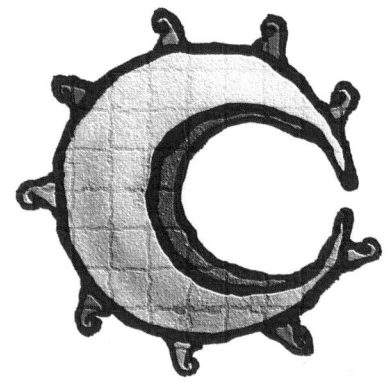

9. 대막리지 연개소문

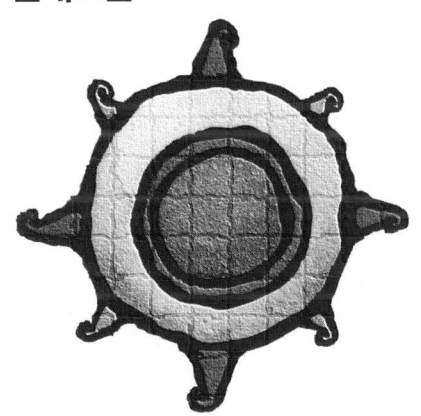

　반정은 성공하였다. 연개소문을 해치려 했던 귀족과 국왕이 역습을 당한 것이다.
　그러나 이 사건으로 영류왕이 목숨을 잃은 것은 슬픈 일이었다.
　연개소문이 이럴 줄 모르고 결단을 내린 것은 아니었다. 그러나 자기 목숨을 노리는 자들에게 반격을 하지 않을 수는 없었다.
　되풀이해서 생각할 것이 없었다. 고구려 백성이 일치단결해서 나라를 강하게 만드는 데에만 힘을 기울여야 했다. 그는 보장왕으로부터 이번 반정의 공로를 인정받아 대막리지에 취임하였다. 대막리지는 막리지의 격을 더 높인 것이다.
　그러나 당나라로 달아난 몇 사람의 귀족들이 태종을 만나 이렇게 아뢰었다.
　"고구려의 연개소문이 왕을 죽이고 권력을 잡았습니다. 왕을 토막내어 죽여 도랑에 버렸습니다."
　그들이 일러바치는 말은 거짓되고 부풀린 것이었지만 연개소문을 미워하는 당나라에서는 그 말만 곧이들었다.

"그는 다섯 개의 칼을 차고 다니며 옆에 있는 사람이 쳐다보지도 못하게 합니다. 말에 오를 때마다 시종들을 땅에 엎드리게 하여 발판으로 삼습니다."

물론 이런 말도 거짓이었다.

연개소문은 끝없이 넓은 나라 땅에 곡식을 심어 가꾸어 백성들이 배불리 먹게 하고 고구려를 군사 강국으로 만들어 당나라의 침략에 대비해 나갈 생각으로 분주하였다.

한편 말갈족을 잘 달래어 친하게 지내는 정책을 세웠다. 그러자 먼저 생각나는 것이 거탕이었다.

'거탕! 그는 용기가 넘치는 말갈의 청년이었어.'

연개소문은 송화 강가 말갈족의 마을로 부하를 보내어 거탕을 불렀다.

"거탕, 기억나오? 내가 스승님과 같이 그대의 마을을 방문한 일이 있었소."

연개소문이 거탕을 반겼다.

"예, 대감님. 그 때부터 두 분이 예사로운 분이 아니라는 것을 짐작하고 있었지요."

대막리지의 자리에 앉아 있는 연개소문이 옛날에 자기 마을을 찾아왔던 소년이라는 것을 알고 거탕은 거듭 놀라고 있었다.

"이것이 그때에 얻은 선물이었소. 참 좋은 활이오. 호신용으로 지니고 있지요."

대막리지가 낯익은 활을 보여 주었다. 말갈족의 마을에서 선물한 그 활이었다.

그 동안 말갈족의 족장으로 있던 그의 아버지는 세상을 떠났다고 하였다. 아버지의 뒤를 이어 거탕이 족장이 되었다.

"거탕, 말갈은 우리와 오랫동안 형제처럼 친분을 유지해 왔어요. 그 수가 적기는 하나 고구려의 백성이에요. 나라를 위해 일해 주시오."

연개소문은 거탕에게 말갈의 군사를 조직하도록 전권을 맡겼다.

한편, 당나라의 태종은 영류왕의 죽음을 크게 슬퍼하였다. 자기에게 고분고분하던 고구려의 왕이었기 때문이었다.

'나에게 충성스러운 고구려의 왕이 반역자의 손에 죽었구나. 그것은 당나라에 대한 반역이기도 하다.'

당태종은 연개소문을 그냥 두지 않겠다는 생각을 하였다.

연개소문은 무작정 당나라와 싸우고 싶지는 않았다. 그는 보장왕에게 여쭈었다.

"우리가 당나라에 예속될 필요는 없지만 외교를 소홀히 할 수는 없는 것으로 압니다. 대왕이 즉위하셔서 나라를 잘 이끌고 있음을 당나라에 알리고 사이좋게 지낼 것을 요청하는 사절을 보내는 것이 좋을 듯합니다."

이리하여 국서를 지닌 사신을 당나라에 보내었다.

고구려 사신을 맞는 당 태종의 태도가 영류왕 때와는 아주 달랐다. 그러나 속마음으로는 이렇게 생각하며 기뻐하였다.

'고구려가 사신을 보내는 걸 보면 당나라를 원수로 삼지는 않는 모양이군.'

당나라에 파견한 사신이 무사히 돌아오자 연개소문이 다시 왕에게 여쭈었다.

"대왕마마, 나라에는 세 가지 가르침이 있어야 합니다. 그것은 공자와 부처와 노자의 가르침입니다. 이 세 가지는 솥에 달린 세 개의 다리과 같아서 어느 하나도 소홀히 할 수는 없는 것입니다. 우리 나라에서는 지금 공자의 가르침인 유교와 부처의 가르침인 불교는 융성하지만 노자의 가르침인 도교에 통한 도인이 없습니다. 청하옵건대 당나라에 가서 도교의 스승을 모셔오는 것이 좋을 듯합니다."

보장왕은 대막리지의 생각을 옳게 여겼다. 연개소문은 곧 당나라에 가서 도교의 가르침을 배우고 스승을 초청해 올 사신을 당나라에 보내었다.

당 태종은,

'이런 것으로 고구려를 달래어 보자.'

하고 도교의 도사 숙달과 함께 여덟 사람을 고구려에 보내었다.

보장왕은 이들을 맞이하여 도교의 절을 지어 주었다.

그러나 이것이 고구려와 화친하자는 당 태종의 정책은 아니었다. 한편으로 그는 이웃 이민족인 거란과 말갈족을 시켜서 고구려를 칠 계획을 세우고 있었다.

어느 날 태종은 신하들과 의논을 하였다.

"연개소문이 저희 나라 왕을 죽이고 나라를 제 마음대로 하고 있으니, 이를 용서할 수는 없다. 우리 군사를 일으켜 고구려를 칠 수도 있지만 백성들을 수고롭게 하고 싶지는 않다. 내가 거란과 말갈을 시켜서 고구려를 치고 싶은데 의견이 어떠한가?"

한 사람의 신하가 일어서서 말하였다.

"연개소문은 우리가 군사를 일으킬 것으로 알고 방위를 든든히 하고 있을 것입니다. 지금 고구려를 치면 이기지 못할 것입니다. 연개소문이 방심할 때까지 참고 계십시오."

"그 말이 옳소."

태종은 신하의 의견을 따르기로 하고 고구려에 사신을 보내어 국교를 텄다. 그것은 우선 연개소문을 안심시켜 두자는 계략이었다.

그런데 신라에서 연개소문을 만나러 사신이 왔다. 왕족 김춘추라고 하였다. 연개소문은 김춘추가 훌륭한 인물이라는 것은 들어서 잘 알고 있었다.

여태까지 고구려와 신라는 사신의 왕래가 거의 없었다. 그것은 두 나라가 한강변의 땅을 두고 다투어 왔기 때문이었다. 두 나라는 사이가 좋지 않았다.

연개소문은 김춘추를 귀빈관으로 모시고 나라의 큰 손님으로 대접하였다. 김춘추는 듣던 그대로 훌륭한 인물이었다.

"대감, 부탁이 있어서 국서를 가지고 평양성을 방문하였습니다."
 김춘추가 먼저 말을 꺼냈다. 근래에 와서 백제의 공격이 심하다는 것이었다.
 "지난해에는 백제가 우리 대야성(합천)을 공격하였습니다. 이 싸움에서 제 사위 품석과 딸이 죽었지요."
 "슬픈 일이군요."
 "그래서 고구려의 도움을 청하러 왔습니다. 백제를 치는 데에 고구려가 힘을 합쳐 주셨으면 합니다."
 "동맹을 하자는 것이군요."
 "그렇습니다."
 그러나 연개소문은 생각이 달랐다.
 "그런데 고구려에서는 신라에게 당해만 왔다는 생각을 가지고 있습니다."
 연개소문이 이 말을 꺼냈을 때 김춘추는 가슴이 뜨끔하였다. 일이 잘 풀리지 않을 것만 같은 예감이 들었다.
 "역사를 돌이켜보면 우리는 광개토대왕 때에 신라에 원병을 보내었습니다. 신라의 내물왕께서 왜구가 쳐들어와 나라가 위기에 놓여 있으니 도와 달라는 요청을 하셨지요. 고구려에서는 많은 병사를 보내 신라를 도와 싸워서 왜구를 바다 저쪽으로 내쫓아 주었습니다. 그러나 신라가 우리에게 은혜를 갚은 것은 아니었어요."
 김춘추는 연개소문의 말을 듣고만 있었다.

"그 뒤, 우리 장수 대왕 때였습니다. 신라의 복호 왕자가 평양성에 와 있었지요. 신라가 고구려 영토에 침입하지 않겠다는 약속을 보이기 위해 볼모로 와 있었던 것입니다. 그런데 신라의 신하 박제상 대감이 와서 맹세코 고구려를 괴롭히지 않을 테니 왕자를 돌려 보내 달라고 해서 그 말을 들어 주었습니다. 이런 사실로 보아도 고구려는 신라를 위해 좋은 일을 하였습니다."

그런데 신라는 고구려가 수나라와 싸우는 틈을 타서 죽령 이북의 고구려 땅 5백 리를 빼앗았다는 말을 했다.

"그 5백 리의 땅은 고구려의 것입니다. 그것을 돌려 주셔야 하겠습니다. 그렇게만 해 주신다면 우리 대왕께서 동맹을 허락하실 것입니다. 허허허."

연개소문과 김춘추는 서로 웃으며 이야기를 나누었다.

"자, 어쨌거나 내일 대왕을 뵙도록 주선하겠습니다."

연개소문이 김춘추를 보장왕 앞에 안내하겠다고 했다.

이 날 두 호걸은 밤이 깊도록 이야기를 나누었다. 그러나 두 사람의 속마음은 따로 있었다. 더구나 연개소문은 신라에서 당나라에 자주 사람을 보내어 고구려를 헐뜯는다는 것을 알고 있었다.

이튿날 김춘추는 보장왕을 뵙고 신라 선덕여왕이 전하는 국서를 올렸다. 대막리지 연개소문이 자리를 같이하였다.

보장왕이 엄숙하게 물었다.

"신라의 사신 김춘추 공은 들으시오. 이 국서에는 백제를 치기 위해서 우리 두 나라가 동맹을 맺자는 사연이 적혀 있는데, 우리로서는 조건이 있소. 신라가 빼앗은 죽령 이북의 고구려 땅을 돌려주어야 응할 것이오."

연개소문과 같은 요구였다.

"대왕마마, 그것은 저희 임금께서 결정하실 일입니다. 국가의 영토를 신하가 마음대로 처리할 수 없습니다."

"결정을 할 수 없다니? 사신으로 파견된 사람이면 전권을 위임받았을 텐데?"

"저는 백제를 물리치는 데에 고구려와 손을 잡게 하라는 명령만 받았습니다."

"그렇다면 동맹은 이루어질 수 없소."

보장왕의 말이 귓전을 울렸다. 김춘추는 섬뜩한 생각이 들면서 심장이 뛰었다.

김춘추는 고구려의 왕궁을 나왔다. 왕궁 앞에는 무장한 고구려 군사 몇 명이 기다리고 있었다.

우두머리인 듯한 군사가 앞에 나서며 말했다.

"이제부터는 저의 지시를 따르셔야 합니다. 우리 나라 대왕의 명령입니다."

김춘추는,

'이제는 꼼짝없이 당하는구나.'

하고 생각하였다.

군사들이 김춘추 일행을 둘러싸고 한적한 빈 집으로 안내했다. 깨끗한 집이었다.

"대감, 이제부터 이 문 밖으로 출입을 하실 수 없습니다. 일행들과도 따로 계셔야 합니다."

고구려의 보장왕은 신라의 사신 김춘추와 그 일행을 따로 가두고 말았다.

"김춘추로부터 죽령 이북의 땅을 돌려 주겠다는 말이 나올 때까지 가두어 두어라. 그러지 않고서 그를 살려서 돌려 보낼 수는 없다."

보장왕의 명령이었다. 고구려의 옛 땅을 돌려 준다는 말을 하지 않으면 죽이겠다는 것이다.

신라를 출발할 때부터 목숨을 내어놓은 것이지만 김춘추는 기대했던 고구려와의 동맹을 이루지 못한 것이 한스러웠다.

10. 토끼가 거북을 속이듯

　김춘추가 고구려와의 동맹을 생각한 것은 이민족인 당나라에 가서 군사 요청을 하기에 앞서 이왕이면 동족인 고구려와 손을 잡아 보려는 마지막 수단이었다.
　그러나 그것은 앞을 헤아릴 수 없는 모험이었다. 고구려와 신라는 국토를 두고 다투어 왔기 때문이다.
　"호랑이를 잡으려면 호랑이 굴에 들어가지 않을 수 없지. 내가 직접 고구려를 방문하리라."
　김춘추는 선덕여왕의 허락을 받고 고구려로 나서기에 앞서 처남 김유신 장군을 만났다.
　"장군, 내가 고구려에 밀사로 가게 되었소이다. 일이 잘되면 두 달 이내에 돌아올 것 같소. 두 달이 넘어서도 돌아오지 못하면 이제 만나 볼 기약이 없을 것이오."
　"김춘추 공이 돌아오지 않게 된다면 내가 고구려를 그냥 두지 않을 것이오."
　김춘추는 김유신의 말에 크게 감격하였다.

두 사람은 손가락을 깨물었다. 그리고 피를 흘려 나누어 마시며 서로의 우정을 맹세하였다.

이리하여 김춘추는 모험에 나선 것이다.

훈신이라는 젊은이가 있어서 길을 이끌었다. 대매현이라는 곳에 이르러 하룻밤을 쉬게 되었다. 그 지방의 부호 두사지가 와서 김춘추를 만났다.

"나라의 큰일이 잘 이루어지기를 빕니다. 아무쪼록 조심해서 다녀오십시오. 그리고 적지에서 쓰일지 모르니 이것을 받으십시오."

두사지가 비단 여러 필을 내어놓았다.

"고맙습니다, 나라일에 잘 쓰겠습니다."

김춘추는 고마워하며 일행에게 비단을 나누어서 지니게 하였다.

언제 죽임을 당할지 모르는 형편이 되자 김춘추는 두사지가 주었던 비단을 생각하게 되었다.

"위급할 때 쓰라고 했지. 그 비단을 가지고 살 길을 찾아보자."

김춘추는 몰래 훈신을 불렀다.

"두사지가 주었던 비단을 가져오너라."

훈신이 비단을 가져오자, 그 중 몇 필을 신라 일행을 지키고 있는 고구려 군사들에게 나누어 주었다. 그리고 조용히 물었다.

"고구려에서 보장왕께 제일 신임받는 분이 누구요?"

군관이 황송해 하며 대답했다.

"그야 대막리지 연 대감이시지요."

"그 다음으로는 누구이겠소?"

"잘은 모르겠습니다만 자주 이 곳에 와서 둘러보시는 선도해 대감도 대왕이 믿으시는 분일 겁니다. 말씀하실 것이 있으면 그 대감과 상의해 보십시오."

고구려의 실력자 한 사람을 알아낸 김춘추는 선도해라는 사람이 나타나기만을 기다리고 있었다.

"대감, 이리 좀 들어오십시오. 말씀드릴 것이 있습니다."

선도해가 오자 김춘추는 비단을 몇 필 내놓았다.

"신라 사람이 짠 것인데 선물로 가져온 것입니다. 부디 받아 주십시오."

"아, 이처럼 귀한 것을요?"

비단을 받은 선도해는 김춘추에게 관심을 가지는 듯했다.

며칠이 지난 밤이었다. 선도해가 술상을 차려 가지고 김춘추를 방문하였다.

"신라에서 오신 손님께 이처럼 고생을 시켜서 미안합니다."

"아니올시다. 대접을 잘 받고 있습니다."

두 사람이 술을 나누었다. 김춘추가 물었다.

"대감께 물어 봅시다. 고구려의 대왕께서 우리를 살려 보내 주시겠습니까?"

선도해는 한참 대답이 없다가 입을 뗐다.

"죽령과 조령 이북 5백 리의 땅을 돌려 주시겠다는 말씀을 하지 않으시면 어려울 것입니다."

선도해가 다시 입을 뗐다.

"이런 이야기가 있지요. 동해 용왕의 공주가 병이 났어요. 온 용궁 안이 걱정을 하게 되었습니다……."

선도해는 옛날 이야기를 시작했다. 그 이야기는 이러했다.

용왕의 공주가 병이 나자, 용왕의 신하인 물고기들이 모여서 걱정을 하였는데 물고기 의사가 약을 가르쳐 주었다.

"공주님의 병에는 토끼의 간이 약입니다."

그러나 바다에는 토끼가 없었다. 이 때 충성스러운 거북 한 마리가 나서서,

"용왕님, 제가 육지에 가서 토끼의 간을 구해 오겠습니다."

하고 말했다.

육지에 이른 거북은 토끼를 만나서 거짓으로 꾀었다.

"토끼님, 저 바다 가운데에 아주 살기 좋은 섬이 있어요. 아름다운 바위 틈으로 맑은 물이 솟지요. 추위와 더위도 없어요. 매와 같은 무서운 날짐승도 없는 곳이에요. 맛나는 먹이가 아주 많지요. 거기에 가 보지 않겠어요? 내 등을 타고 가면 돼요."

토끼는 마음이 솔깃해져서 거북의 등에 올라 탔다.

거북은 '옳지 되었다.' 하고 토끼를 태우고 바다를 헤엄쳐 갔다.

얼마쯤 오자 거북은 안심하고 토끼를 놀렸다.

"이 미련한 짐승아, 너는 나에게 속은 거야."
"속다니?"
토끼가 놀라며 물었다.
"용궁의 공주님이 병이 들었단다. 그래서 너의 간을 내어서 약에 쓰려는 거다."
토끼는 이제 죽었구나 하고 생각했지만 겉으로는 능청을 떨었다.
"너는 토끼의 신통술을 모르는구나. 나는 오장을 꺼내어 물에다 씻어서 다시 집어넣는다. 일전에는 간을 꺼내어 물에 씻은 다음 바위 밑에 두었지. 네가 빨리 가자는 바람에 그걸 배 안에 집어 넣지 않고 왔다구. 우리 토끼들은 그 간이 없어도 멀쩡하게 살 수 있단다. 그까짓 간쯤이야 당장 줄 수 있지. 그런데 갖고 오지 않았으니 이를 어쩌누?"
토끼의 속임수에 넘어간 거북은 깜짝 놀라 물었다.
"너, 그게 정말이냐?"
"정말이고말고. 이렇게 간이 없는데도 멀쩡하게 지내고 있는 걸 보라구."
그러자 거북은 몸이 달았다.
'이거 실수했구나, 그럼 처음부터 정직하게 털어놓을걸.'
이렇게 생각한 거북이 말했다.
"토끼야, 육지에 돌아가면 그 간을 나에게 줄 수 있니?"
"줄 수 있고말고. 토끼는 간이 없어도 얼마든지 살 수 있다니까."

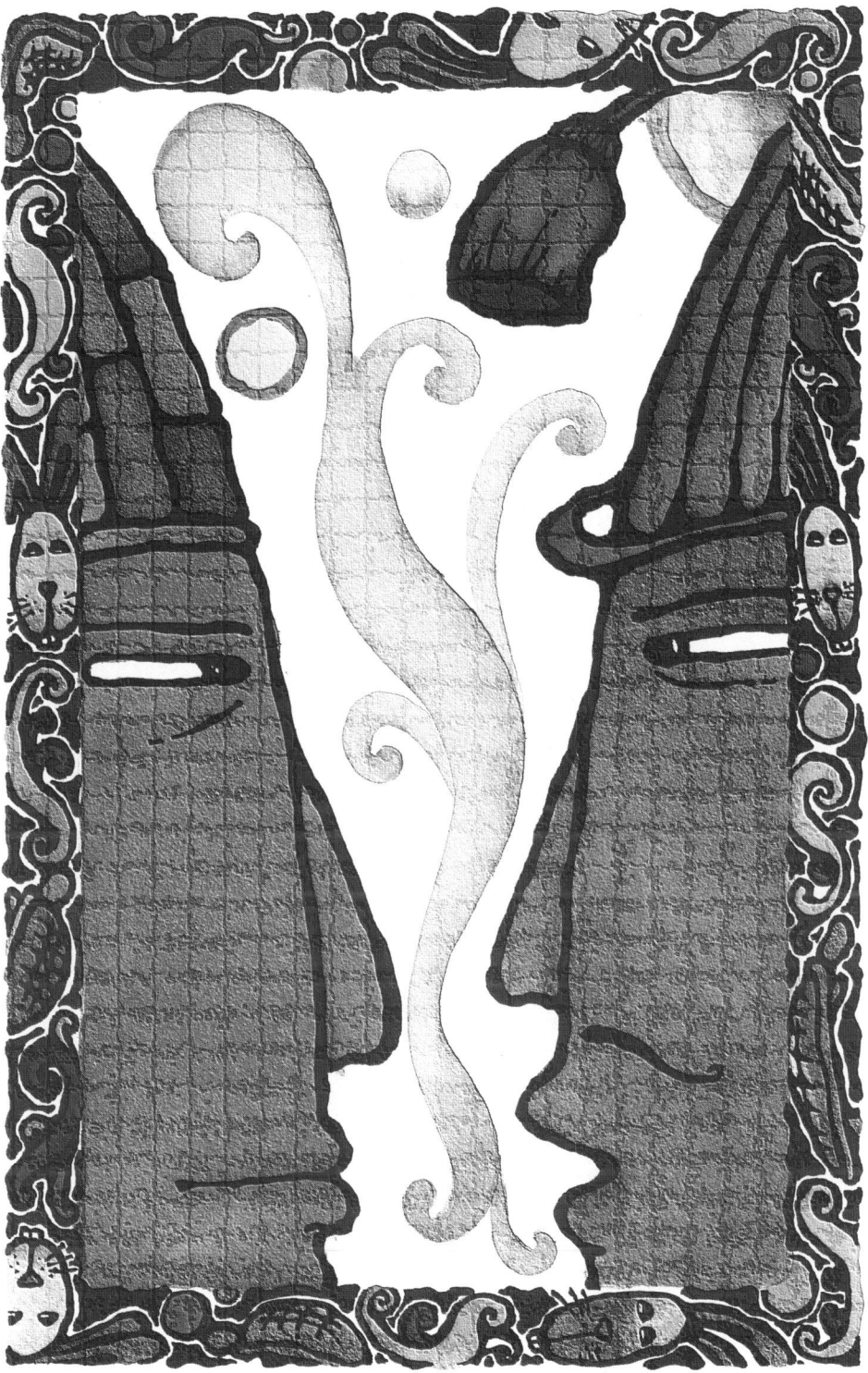

그런데 만일 육지에 돌아간다면 용궁의 공주님도 살릴 수 있게 되고 나도 살 수 있게 된다."
토끼의 말에 넘어간 거북이 되돌아서 육지까지 헤엄쳐 왔다.
육지에 내린 토끼는 '옳다. 이제는 살았다.' 하며 소리쳤다.
"이 어리석은 거북아. 네가 나를 속이려다가 도로 나에게 속았다. 토끼가 간 없이 어떻게 산다더냐?"
토끼는 거북을 놀려 준 다음 숲으로 달아나고 말았다.
이야기를 들은 김춘추는 선도해의 뜻을 알아차릴 수 있었다. 목숨을 건지려면 이 방법을 이용하는 수밖에 없었다.
이튿날 김춘추는 보장왕을 뵙겠다고 청하였다. 그는 보장왕 앞에서 말했다.
"대왕님, 제가 고구려의 요구를 실행하도록 하겠습니다."
"그럼, 죽령 이북의 우리 땅을 돌려 주겠다는 것이오?"
"예, 그렇습니다. 저희 나라 임금께 말씀드려서 그렇게 하도록 하겠습니다."
"그렇게 하시오. 그러면 고구려, 신라가 동맹국이 될 것이오."
왕은 김춘추 일행을 신라로 돌려 보내었다. 꾀로써 위기를 면한 것이다.
김춘추 일행이 고구려의 국경을 넘어섰을 때 신라 쪽에서 산을 울리는 고함소리가 들려 왔다. 틀림없는 김유신의 목소리였다.
60일을 기다려도 김춘추가 돌아오지 않게 되자 김유신은,

'김춘추공의 일이 잘되지 않는 것이로구나. 그렇다면 그의 목숨이 위태롭다. 어서 구하러 가야지.'

하고 날랜 군사 3천 명을 거느리고 국경에 이른 것이었다.

김춘추는 국경에서 전송하는 고구려 사람들에게 말했다.

"저번에 대왕께 말씀드린 것은 내가 죽음을 면하려는 방편이었을 뿐이오."

그 때 신라의 군사가 김춘추를 에워쌌다.

"아니, 저 사람이?"

속은 것을 알고 고구려의 군사들이 칼을 빼어들었다. 그러나 만반의 준비가 된 신라군에게는 상대가 되지 않았다.

김춘추를 에워싼 신라군은 신라의 성으로 들어가 성문을 닫아 버렸다.

'괘씸하군.'

연개소문은 화를 내지 않을 수 없었다. 신라의 김춘추에게 속은 것이다.

고구려는 군사를 일으켰다. 신라를 그냥 두었다가는 얕보일 것 같아서였다. 3국의 주도권을 작은 나라인 신라에게 줄 수는 없었다.

나라의 규모로 보아서 신라는 고구려의 10분의 1에도 미치지 못하는 작은 나라였다. 연개소문은 부하 장군을 시켜 신라를 들이쳐서 두 개의 성을 빼앗았다.

백제가 이 기회를 놓칠 리 만무했다.

"뭐? 고구려와 신라가 어찌 됐다구?"

밀정이 와서 이르는 말은 김춘추의 속임수에 넘어간 고구려가 크게 노하여 두 나라의 불화가 더 커졌다는 것이다.

'이 기회에 고구려와 손을 잡아야겠다.'

백제의 좌평 성충이 의자왕의 허락을 얻어 국서를 가진 사신을 평양성의 연개소문에게 보내었다. 좌평은 백제의 최고 관직이었다.

고구려와 백제는 역사적으로 사이좋은 나라가 아니었다. 고구려의 장수왕이 백제에 쳐들어가서 수도인 한성(지금의 서울)을 빼앗고 개로왕을 붙잡아 죽인(서기 475년) 이후부터 백제는 고구려에 크나큰 원한을 가져왔었다.

"고구려는 우리 국왕을 죽인 원수의 나라다. 복수를 해야 한다."

개로왕의 아들 문주는 이를 갈았다.

개로왕이 죽을 당시 문주는 신라로 가서 원군을 요청하였다.

"고구려가 쳐들어와서 국운이 경각에 놓여 있습니다. 우리 나라를 도와 주십시오. 그 은혜는 잊지 않겠습니다. 신라가 고구려의 침입을 받을 경우에는, 우리 나라에서 도와 드릴 것입니다."

원병 요청을 받은 신라의 자비왕은 중신을 모았다.

"백제의 태자가 원병을 요청하러 왔으니 그 나라 형편이 위급한 모양이오."

원병을 보내는 문제를 놓고 의논을 하였다.

"우리의 군사를 보낼 때는 상당한 보장이 있어야 될 줄 압니다."

"약속을 받아 두었소."

그러나 문주가 신라의 원군을 이끌고 돌아오니 한성은 벌써 빼앗기고 개로왕은 적의 손에 목숨을 잃은 뒤였다. 문주는 웅진(지금의 공주)으로 가서 그 곳을 수도로 정하고 왕위에 올랐다.

'원수의 나라를 쳐부수어야 한다.'

백제의 온 백성이 복수를 외쳤다. 그리하여 백제 사람은 신라와 힘을 합쳐서 여러 차례 고구려와 싸웠다. 그것이 약 1백 년이나 계속되었다.

그 뒤 백제의 26대 임금 성왕은 수도를 웅진보다 더 남쪽인 부여로 옮겨 놓고 국토 회복 싸움에 들어갔다. 이 때도 신라군과 공동작전을 폈다. 이리하여 한강 유역에서 고구려 세력을 내쫓는 데 성공하였다.

그러나 같이 싸우던 신라의 진흥왕이 한강 유역을 차지하고 내어 주지 않았다.

"안 됩니다. 같이 싸워 준 것은 고맙지만 여기는 원래 백제의 땅이니 우리 국토로 해야 됩니다. 신라는 물러나 주십시오."

백제의 성왕이 신라 진흥왕에게 요구하였다.

"안 되오, 이곳은 신라군이 피를 흘린 땅입니다. 고구려에서 빼앗은 땅이에요. 한 치의 땅도 줄 수 없습니다."

진흥왕의 답변이었다. 이리하여 지난날의 동맹국끼리 원수가 되고 만 것이다.

나제 동맹은 깨어지고 백제와 신라가 적이 되어 싸우게 되었다.

백제의 성왕은 신라가 차지한 옛 국토를 찾기 위해 싸움터에서 직접 군사를 지휘하였다.

성왕은 앞장서서 옥천에 있던 신라의 관산성을 공격하였다. 그러나 백제군은 참패하였다. 그뿐 아니라 이 싸움에서 성왕은 목숨을 잃고 말았다.

백제에서는 신라에 대한 적개심이 쌓여 갔다.

대막리지 연개소문은 백제의 좌평 성충이 보낸 사신을 맞아들였다. 성충은 의자왕을 도와서 백제를 일으키려고 애쓰는 슬기로운 신하였다.

의자왕은 무왕의 왕위를 이어받은 뒤, 성충과 같은 훌륭한 신하를 두었으므로 백성들이 잘 따르고 있었다.

백제가 신라의 사십여 성을 쳐서 빼앗는 강국이 된 것도, 백성들이 의자왕을 해동 증자로 찬양하게 된 것도 모두 성충과 같은 신하들이 의자왕을 잘 보좌하고 있기 때문이었다.

대막리지 연개소문은 성충이 보낸 백제의 사신과 마주앉아 이야기를 나누었다.

"신라는 고구려와 백제를 같이 배반하였습니다. 우리 두 나라가 힘을 합친다면 신라는 감히 날뛰지 못할 것입니다."

"같은 생각입니다."

"우리 나라 대왕님께서 두 나라가 군사력을 모아서 신라에 대적하였으면 하는 뜻을 가지고 국서를 주어 저를 평양성에 보내셨습니다."

백제가 고구려와 군사 동맹을 맺자는 것이다. 연개소문이 바라던 일을 백제 쪽에서 먼저 요청해 온 것이다. 사신이 보장왕을 뵙고 국서를 올렸다. 왕이 아주 기뻐했다. 이리하여 고구려, 백제 두 나라의 군사 동맹이 이루어졌다. 이를 후세 사람들이 여제동맹이라 불렀다.

고구려는 백제와 동맹이 이루어짐으로써 남쪽 국경에 대해서 다소나마 안심을 할 수 있게 되었다. 그리고 나머지 군사력을 요동에 보내어 당나라와의 국경을 지키게 하였다.

11. 천리장성이 완성되고

　마침내 천리장성이 완성되었다. 십년이 넘게 걸린 국가적인 사업이었다. 부여성에서 시작되는 천리장성은 요하를 따라 바다까지 이르렀다.
　전부터 있던 성은 헐어서 다시 쌓고 없는 곳에는 새로 쌓아, 천리에 이르도록 한 것이다.
　"이제는 어떤 나라도 고구려를 넘보지는 못할 것이다."
　오랜 토목공사를 마친 장정들이 소리를 쳤다.
　대막리지 연개소문은 아랫사람을 거느리고 장성을 하나하나 점검하기로 하였다. 천리의 장성은 돌아보는 데에도 여러 날이 걸리었다.
　"대왕마마, 천리장성이 완성됐습니다. 보고를 드립니다."
　완성된 장성을 돌아보고 와서 연개소문이 보장왕 앞에 머리를 조아렸다.
　"우리 백성의 땀으로 천리장성이 이루어졌다니 기쁘오. 이 성은 공이 나라를 튼튼히 하자는 의견을 내놓아서 오랜 세월에 걸쳐 이루어진 것이오. 그 동안 공의 노고를 치하하오. 그리고 땀흘려 준 여러 백성을 위로해야겠소."

보장왕은 온 나라에 장성이 이루어졌음을 축하하는 잔치를 베풀고 성을 쌓느라 수고했던 장정들을 위로하도록 하였다.

그리고 보장왕은 이 국가적인 공사에 공이 컸던 여러 사람을 골라서 후한 상을 내렸다.

그동안 당나라에서는 연개소문을 이렇게 헐뜯어 왔다.

"악독한 연개소문은 고구려의 전 국력을 천리장성 쌓기에 기울이고 말을 듣지 않는 자는 목숨까지 빼앗고 있다. 남자들을 모조리 동원했으므로 여자들만 들에서 일을 하는 형편이다."

그러나 연개소문은 당나라 조정이 헐뜯는 것과는 달리 농사철이 아닌 때를 이용해서 마침내 대사업을 이룬 것이다.

임금으로부터 백성에 이르기까지 나라 안이 기쁨으로 차 있었다.

그런데 이런 사실이 당나라 태종의 마음을 자극하였다.

'연개소문이 마침내 천리장성을 완성하였구나. 겉으로는 그러지 않겠다고 하지만 당나라를 넘보는 것은 아닐까? 일찍이 고구려를 쳐서 연개소문의 기를 꺾어 둘 것을 그랬어.'

당 태종은 신하의 말만 듣고 진작 고구려에 쳐들어가지 못한 것을 후회하였다. 그때 신하들은 연개소문을 그대로 두면 방심할 때가 있을 터이니 그때 가서 군사를 일으켜도 늦지 않는다고 하였다.

그러나 연개소문은 조금도 방심을 하지 않는 것이다.

그때 신라의 김춘추가 당나라에 와서 구원을 청하였다.

"고구려와 백제가 군사 동맹을 맺고 신라를 노리고 있습니다. 저희들을 좀 도와 주십시오."

신라의 간곡한 요청이었다. 김춘추가 고구려를 속이고 위기를 모면한 이후로 고구려와 백제는 손을 잡게 되었고, 작은 나라 신라에서는 두 나라의 군사 동맹이 크나큰 위협이 되었다. 두 나라가 마음만 먹으면 신라를 없앨 수도 있게 된 것이다.

신라의 왕족 김춘추가 구원을 청해 오자 당 태종은 기쁨을 감출 수 없었다. 기회가 온 것이다.

"우리가 바라던 일이 바로 이것이다. 신라와 손을 잡으면 힘들이지 않고 고구려를 얻을 수 있다."

당나라 태종은 김춘추를 반겨 맞이하였다.

"고구려도 백제도 괘씸한 나라요. 동이족 중에서는 오직 신라가 우리와 화친하고자 할 뿐이오. 당나라는 신라를 도와 줄 것이오."

신라는 이렇게 하여 당나라의 도움을 받게 되었다. 이 사실은 곧 고구려의 대막리지 연개소문과 백제의 좌평 성충에게 알려졌다. 고구려와 백제, 신라와 당나라가 서로 같은 편이 되면서부터 국경선에 긴장감이 감돌았다.

그러나 연개소문은 일부러 당나라를 자극하지는 않았다. 고구려가 당나라의 속국이 아니라는 자존심을 지키면서 슬기로운 방법으로 외교를 폈다.

보장왕 3년(서기 644년) 정월에도 당나라에 친교의 사신을 보낸 일이 있었다. 연개소문은 사신에게 일렀다.

"고구려는 무엇으로 보나 당나라와 대등한 나라요. 당나라에 가서 당당하게 행동하시오. 그 대신 당나라 황제에게 전할 푸짐하고 값진 선물을 주겠소."

그런데 고구려의 사신을 맞는 당나라에서는 생각이 달랐다.

"내가 임명한 작은 나라 고구려의 왕이 신하의 예로 또 사신을 보내었군. 새해의 인사 겸해서 조공을 하러 왔어."

당나라에서 어떻게 생각하건 고구려의 사신은 행동이 당당하였다. 다른 소국의 사신들처럼 쩔쩔매는 태도가 아니었다.

"허? 고구려 사신들이 전과는 달라졌어."

"아주 우리들에게 지지 않으려 하는데……."

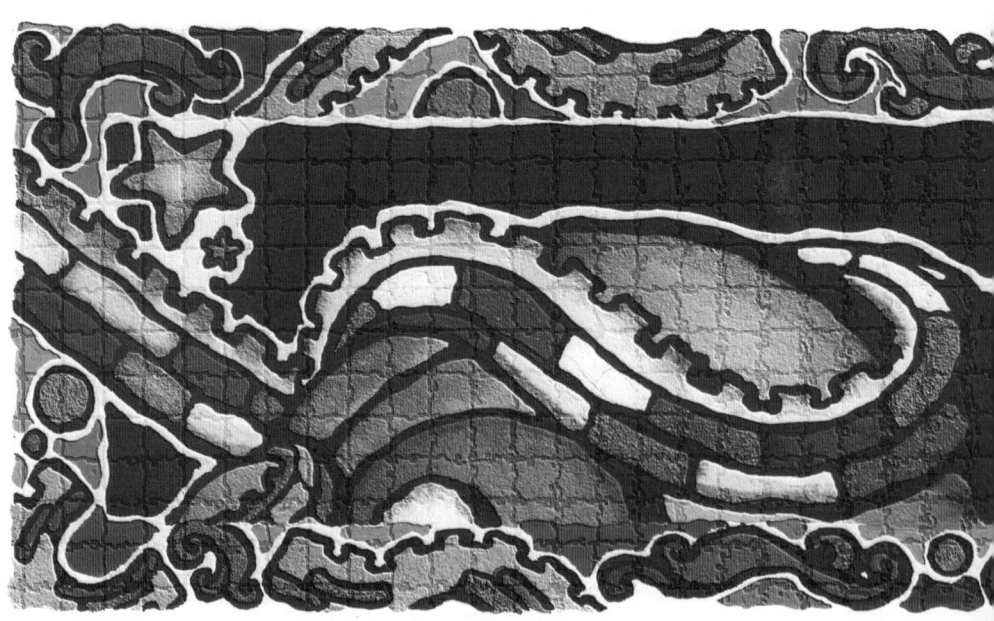

당나라 신하들이 저희들끼리 나누는 말이었다. 태종은 고구려에서 사신을 보내어 인사한 답례로 상리 현장이라는 신하를 고구려에 파견하기로 하였다.

당 태종은 고구려 왕에게 전할 글을 상리 현장에게 주었다.

"이 조서를 보장왕에게 전하라. 그리고 고구려의 정세를 탐지하라. 연개소문이 어떤 마음을 먹고 있는지 잘 살펴야 한다. 얼마의 군사를 가지고 있는지, 고구려 사람이 당나라에 대해 감정이 어떤지, 전 고구려인을 동원해서 쌓았다는 천리장성의 실태가 어떤지도 조사하라."

남의 나라 정세를 탐지하기 위해서는 많은 사람이 필요했다. 상리 현장은 젊은이 여럿에게 임무를 나누어 맡기고 이들을 데리고 평양성 방문에 나섰다.

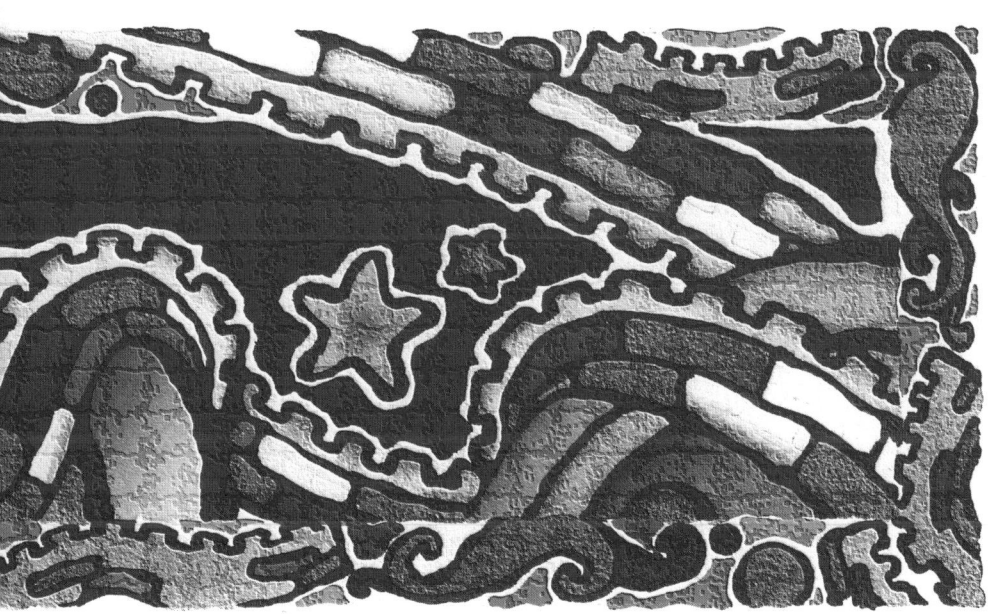

요하 건너편에 고구려 성벽이 보였다.

"엄청난 성이구나!"

높다란 성벽이 강줄기를 따라 들판과 산을 가로지르고 있었다. 천리장성이라는 이름 그대로 끝이 보이지 않았다.

위협을 느끼지 않을 수 없었다. 강을 건너 성문을 들어서자 국경을 지키는 보초병들이 나와서 당나라 사신 상리 현장을 맞이하였다. 이어서 연개소문이 보낸 부하 한 사람이 나와 사신을 나라 안으로 인도했다.

"대단한 성인데요."

상리 현장 일행은 성문을 지나 평양을 향하면서 한 번 더 뒤돌아보았다.

어느 마을에 들렀더니 아이들이 떠들고 있었다.

"야, 우리가 이겼다!"

상리 현장이 아이들에게 물었다.

"무엇에 이겼니?"

"우리 고구려가 신라와 싸워서 이겼대요. 승전보가 금방 도착했어요. 우리 고구려 군사는 참 강해요."

아이들은 신이 나서 대답했다.

"그래?"

이집 저집에서 함성이 오르고, 온 고구려 사람들이 기쁜 소식에 들떠 있는 듯했다.

그런데 당나라 사신 일행을 맞는 것은 고구려의 하급 관리였다. 화가 치민 사신이 물었다.

"대막리지는 어디 갔소? 대국 사신을 이처럼 홀대하다니……."

"죄송합니다. 대막리지 대감께서는 지금 신라를 치기 위해 싸움터에 나가셨습니다."

"싸움터에?"

당나라 사신 상리 현장은 그만 화를 내고 말았다.

"신라를 괴롭히지 말라는 것이 우리 황제의 뜻이오. 얼마 전 고구려 사신에게도 그 말씀을 전하셨고 오늘 가지고 온 황제의 조서도 그런 내용이오."

당나라 사신이 화를 낸 사실이 보장왕에게 전해졌다.

"대막리지가 수도에 없는 것은 우리의 형편상 그런 것인데, 당나라 사신이 화를 내다니, 하긴 외국의 사신이니 대막리지가 나가서 맞아야 되기는 하지만……."

보장왕은 입맛을 다시며 연개소문에게 글을 보냈다. 당나라 사신이 와 있으니 큰 싸움이 아니거든 아래 장수에게 지휘를 맡기고 평양성으로 올라오라는 내용이었다.

연개소문이 평양으로 와서 사신을 만났다.

"신라는 도무지 어쩔 수 없어요. 국경을 계속해서 침범하지요. 다행히 이번 전쟁에서는 크게 이겼습니다. 그러다 보니 귀공을 맞이하는 데 나서지 못했어요. 미안합니다. 하하하……."

연개소문이 크게 웃었다. 그의 신체는 장대해서 위엄이 넘치고 있었다. 목소리는 커서 문 밖이 울렸다. 한참 웃던 연개소문이 네까짓 당나라 사신이 무엇이냐는 듯이 내려다보았다.

당나라 사신이 연개소문과 같이 보장왕을 뵈었다. 그리고 당 태종이 보낸 글을 올렸다.

고구려 보장왕은 들으시오.
신라를 더 이상 괴롭히지 마시오. 신라는 당나라에 조공을 잘 하고, 내 말을 잘 듣는 충성된 나라오. 신라 사신에게 듣자니 고구려가 백제와 손을 잡고 신라의 국경을 침범하고, 신라가 우리에게 조공할 길을 막고 있다니 매우 유감이오. 앞으로도 고구려가 계속 신라의 국경을 침범한다면 우리 당나라가 군사를 일으킬 것이오.

글을 읽고 보장왕이 눈을 감았다. 그리고 무엇을 생각하는 듯하더니 대막리지에게 그 글을 주면서 말했다.
"장군이 이 글을 읽고 대답하시오. 이번 전승으로 온 백성이 기뻐하고 있소. 장군의 공은 역사에 길이 남을 것이오."
이것은 당나라 사신이 알아들으라는 말이었다. 보장왕은 여태까지 연개소문을 대감이라고 불러 왔다. 그런데 오늘 당나라 사신이 있는 자리에서는 장군이라 불렀다. 거기에도 뜻이 있었다.
당나라 왕의 글을 자세히 읽은 후 연개소문이 왕에게 머리를 조

아뢰다.

"대왕마마의 뜻을 잘 알겠습니다. 소신이 당나라 사신과 다른 장소에서 나라의 입장을 밝히겠사오니 허락하여 주십시오."

연개소문이 다른 곳으로 회담 장소를 옮기려는 것은 임금 앞에서 불쾌한 말이 오갈지도 모르기 때문이었다.

연개소문은 조용한 장소에서 다시 당나라 사신 상리 현장과 마주 앉았다.

"대왕께서 하실 말씀을 대신하겠습니다. 당나라는 우리와 신라의 관계를 잘 모릅니다. 지금 신라가 차지하고 있는 아리수(한강) 유역이 원래 고구려의 것이었지요. 고구려가 수나라 군사를 맞아서 평양성과 요동으로 군사를 돌리고 있는 그 사이에 신라가 아리수 유역 5백 리를 차지하였습니다. 우리는 지금 잃어버린 땅을 찾기 위해서 싸우고 있는 것입니다."

다른 때와는 달리 연개소문의 말은 나직하고 조용했다.

상리 현장이 입을 뗐다.

"국토는 변하는 것입니다. 지금 고구려가 차지한 요동은 원래 중원(중국)의 땅이었습니다. 지금 고구려가 그 땅을 국토로 하고 있지만 당나라가 돌려 달라고 요구하지 않습니다."

"모르시는 말씀입니다. 요동은 처음부터 우리 고구려의 땅이었습니다. 한나라 사람들이 남의 땅을 차지했다가 물러난 일이 있을 뿐입니다."

연개소문이 따지고 들자 상리 현장은 그만 말문이 막혀 버렸다.
"말씀드린 이제 것처럼 우리는 잃어버린 땅을 찾아야 합니다. 언젠가 신라에서 김춘추라는 대신이 왔었습니다. 사이좋게 지내자는 것이었지요. 우리는 아리수의 땅을 내놓지 않으면 국교를 틀 수 없다고 했습니다. 신라의 사신은 우리 앞에서 그러겠다고 했어요. 그런데 사신이 돌아간 뒤, 도리어 우리를 공격하는 것이었습니다. 우리가 신라 사신에게 속았어요. 이래도 고구려가 잘못하는 것입니까?"
"그렇습니다. 평화적으로 해결해야지요."
연개소문은 말을 이었다.
"당나라나 고구려나 같은 대국입니다. 남의 나라가 정당하게 하는 일을 두고 당나라에서 이래라저래라 하다니요."
"무엇이?"
당나라 사신 상리 현장이 화를 내었다. 연개소문이 타일렀다.
"내 편에서도 기분 좋은 일이 아닙니다. 그러나 화를 내지 않을 터이니 조용히 돌아가시지요."
"뭐라고?"
상리 현장이 또 한 번 소리를 쳤다. 연개소문은 치미는 화를 억지로 참았다. 사신을 만난 뒤, 대막리지 연개소문은 아래의 신하들을 모았다.
"당나라 태종이 전쟁을 준비하고 있을 것이오. 그렇다면 사신이 데리고 온 군관은 모두 밀정이오. 이들이 정보를 캐지 못하도록 하시오. 당나라 군관 한 사람 앞에 세 사람씩 우리 군사를 딸려서 그들을 감시하도록 하시오."

이 말을 남기고 연개소문은 훌쩍 싸움터로 말을 달렸다.

당나라 사신 상리 현장은 앞일이 막막하였다.

"이러다간 외교에 큰 실패를 하겠군. 고구려 사람들의 마음이 변할 때까지 기다려 보자. 회담 장소에서 두 번이나 화를 낸 것은 내가 잘못했어."

하고 자기의 행동을 뉘우쳤다.

고구려는 사신 일행을 귀빈관에 모셔 놓고 좋은 음식을 대접하였다. 무희와 재주있는 악인들을 들여보내 춤과 노래로써 사신 일행을 즐겁게 해 주었다.

며칠이 지나자 상리 현장의 화가 풀렸다.

"조용히, 한 번 더 대막리지를 만나 보고 싶소."

접대를 맡은 고구려 신하에게 연개소문과의 2차 면담을 요청했다. 신하가 당황하는 척하면서 말했다.

"신라와의 싸움이 커졌습니다. 급한 연락이 와서 지금 전쟁터에 가셨습니다."

사신은 가슴이 뜨끔하였다.

"이를 어쩌나?"

사신은 부하 군관을 모두 모았다.

"정보를 수집하였는가?"

"아닙니다. 고구려 군사들이 따라다녀서 아무 정보도 수집할 수 없었습니다."

당나라 사신 상리 현장은 성과 없이 헛걸음을 하고 돌아갈 수밖에 없었다.

12. 당나라에 지배당할 수는 없다

상리 현장이 돌아가서 당 태종에게 아뢰었다.
"고구려에 가서 말 못 할 푸대접을 받고 왔습니다."
데리고 갔던 군관의 우두머리들까지 목소리를 맞추었다.
"연개소문은 건방진 사람이었습니다."
"개소문이 그의 임금을 죽인 뒤에 대신들을 억압하고 있었습니다. 백성들을 잔인하게 죽이고 학대하여 원성이 자자했습니다. 말하자면 고구려는 연개소문 한 사람의 손으로 움직이는 나라였습니다. 보장왕은 한낱 허수아비였습니다."
상리 현장의 말을 들은 태종은 마지막으로 장엄이라는 신하를 고구려로 보내기로 하였다. 이번에는 고구려에 대한 협박을 담은 조서를 써 보냈다.
얼마 뒤, 고구려에서 돌아온 장엄이 태종에게 보고를 하였다.
"고구려의 왕과 연개소문이 조서를 읽고 크게 화를 냈습니다. 무기로 저를 위협하여 며칠 동안이나 어두운 굴 속에 가두기까지 하였습니다."

당 태종은 그 말에 분개하였다.

"고구려가 끝까지 대국을 얕보고 황제의 명령을 거역하는구나. 임금을 죽이고 백성을 박해하는 그를 벌하지 않을 수 없다."

태종은 고구려 침공 준비를 하도록 명령하였다. 해안 지방에 전함 4백 척을 만들도록 할당하였다.

그리고 수군 장수 장검을 불렀다.

"그대가 고구려 정벌의 선두에 서라. 다른 몇 사람 장군들과 협력해서 먼저 요동을 치도록 하라. 내가 이 때에 쓰려고 훈련시켜 둔 거란과 말갈 군사 수만 명이 있다. 이들을 앞세워 싸우게 하라."

자기 민족이 제일이라고 생각하는 중국은 이웃 민족을 오랑캐라 멸시하면서도 그들을 꾀어서 전쟁에 앞장 세웠다.

"나쁜 나라 고구려를 쳐부수어야겠다. 용감한 너희들이 협력을 해 주면 보상을 하마. 그러지 않으면 너희들이 해를 입을 것이다."

이웃 민족의 우두머리들은 당나라에 협력을 하지 않을 수가 없었다. 말을 듣지 않으면 고구려처럼 당나라에게 보복을 당하기 때문이었다.

"예, 예. 그렇게 하옵지요."

이웃 민족의 우두머리들은 당나라가 요구하는 젊은이들을 보내야 했다. 이들은 시험용 군사였다. 장검과 몇 사람 장수에게 이웃 민족의 군사를 나누어 맡겨서 고구려가 얼마나 강한가, 당나라 군사가 달려들어서 싸우면 이길 수 있는가 어떤가를 시험해 보자는 것이다.

태종은 다시 장수 위정을 불렀다.

"장검이 먼저 요동을 칠 것이다. 상황을 보아 가면서 곧 출병을 해야겠으니 그대는 여러 지방에서 징발된 군사의 지휘를 맡으라. 사태를 보아 가며 짐의 명령을 기다리지 말고 군사를 동원하도록 하라."

그리고 소예라는 신하를 불렀다.

"고구려를 쳐야겠다. 많은 군량이 필요하니 하남 지방에 가서 양곡을 거두어 바다를 통해 그것을 싸움터로 운반하라."

고구려의 대막리지 연개소문은 평양성에 앉아서 당나라의 움직임을 자세히 보고받고 있었다.

"당나라가 쳐들어온다면 응전을 할 수밖에 없다. 우리도 전쟁을 준비하는 거다."

그는 각 성주에게 당나라가 쳐들어올 것을 알리고 온 백성이 힘을 합쳐 싸우자는 결의를 하게 하였다.

고구려에는 강한 군사와 튼튼한 성과 나라 사랑으로 뭉친 백성이 있었다. 모두들 보장왕과 연개소문의 뜻을 받들고 나라를 지키자고 한마음이 되어 있었다.

그러나 당나라가 전쟁을 일으킬 수 있는 빌미를 줄여야 했다. 그렇게 하여야만 고구려의 명분이 뚜렷해지는 것이다.

연개소문은 왕의 허락을 받아서 다시 당나라에 사신을 보내기로 하였다. 외교를 통해서 당 태종을 달래 보려는 것이다.

대막리지 연개소문은 당나라로 떠나는 사신 일행과 같이 보장왕을 뵈었다. 그는 왕의 말씀에 보충하여 사신 일행에게 일렀다.

"당 태종에게 우리 대왕의 뜻을 잘 전하시오. 우리가 당나라를 해칠 뜻은 조금도 없다는 것을. 태종에게 보내는 이번 선물은 금보다도 더 비싼 백금을 준비하였소. 고구려의 산에서 이것을 캐어 제련하는 데 많은 힘과 정성이 들었다는 말도 전하시오."

소중한 보물을 지닌 사신에게 군사 50명을 딸려서 보냈다.

당나라 수도 장안에 이르러 왕궁으로 가서 태종을 뵙도록 요청하였다.

저수량이라는 신하가 당 태종에게 아뢰었다.

"지금 고구려 사신 일행이 조공

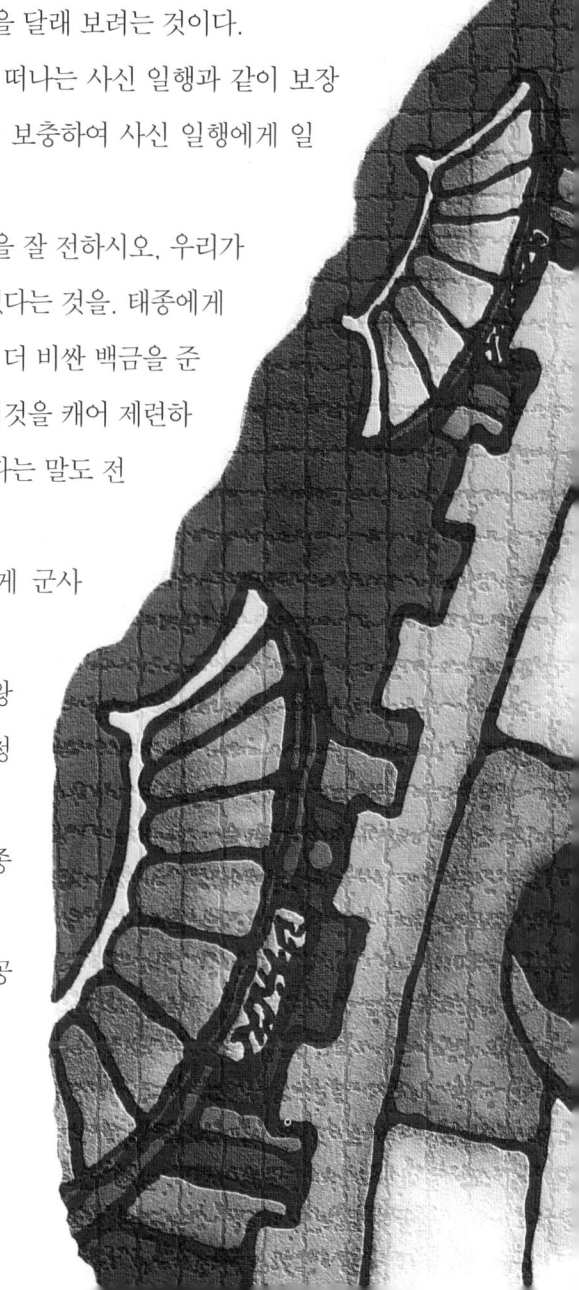

을 하러 왔습니다. 그러나 황제께서는 저것을 받지 마십시오. 조공을 받으시면 연개소문을 용서하는 것이 됩니다. 이제 그를 치려고 하는 마당에 조공을 받아서는 안 될 줄로 압니다. 이것은 우리가 고구려를 치겠다는 것을 눈치챈 연개소문이 두려움에 떨면서 보낸 뇌물입니다."

"그렇게 하겠다."

고구려 사신을 맞은 당 태종은 신하가 시키는 대로 사신 일행을 꾸짖었다.

"고구려는 우리 당나라에 대해서 신하의 도리를 하지 않고 있다. 또 당나라를 잘 섬기는 신라의 땅을 빼앗으려 했다. 내가 그들을 타이르기 위해 사신을 보내었더니 사신까지 푸대접을 하였다. 이는 황제의 뜻을 어기는 일이다. 그러면서 많은 군사를 기르고 있다니 어쩐 일이냐?"

고구려의 사신이 아뢰었다.

"고구려가 신라와 싸우고 있는 것은, 신라에게서 잃어버린 국토를 되찾기 위한 것임을 거듭 말씀드립니다. 신라가 고구려에서 빼앗아간 땅을 도로 내놓지 않기 때문입니다. 그리고 저희 고구려는 당나라를 해칠 뜻이 없습니다. 그 말씀을 전하기 위해서 저희 일행이 왔습니다. 이 백금은 고구려에서 온갖 정성을 들여 제련한 것입니다."

사신이 당 태종에게 가지고 온 선물을 올리려 하였다. 당 태종이 손을 저었다.

"받지 않겠다. 연개소문이 임금을 죽이고 신하를 억누를 뿐만 아니라, 대국을 속이려 한다. 충성스러운 신라를 괴롭히는 그 죄 또한 용서할 수 없다."

할 수 없이 고구려의 사신은 가지고 간 백금을 전하지 못하고 되돌아섰다.

보장왕 3년(서기 644년)이었다.

고구려 땅에 겨울이 찾아들고 있었다. 겨울은 북쪽에서 남쪽으로 눈 소식을 전해 주었다. 평양성에도 첫눈이 내렸다. 그런데 이상한 빛깔의 눈이 섞여 내렸다.

'이건 희지 않고 붉은 눈이다.'

평양성에 핏빛 눈이 온 것이다. 이 사실은 곧 대막리지에게 보고되었다.

'붉은 빛깔의 눈! 당나라 조정에서 기어코 피를 흘리겠다는 생각을 하였군. 그들이 쳐들어오면 싸우는 거지.'

연개소문은 핏빛 눈을 전쟁의 징조라 생각했다. 스승 금강 도사의 마지막 말씀을 떠올렸다.

'핏빛 눈이 내리면 전쟁이 닥칠 거라 하시더니. 아, 스승님은 지금 어디에 계십니까?'

연개소문은 핏빛 눈을 움켜쥐었다. 전쟁이 닥친다고 생각하니 가

숨이 떨렸다. 옛 스승이 곁에 있다면 마음이라도 든든하련만, 지금은 이미 살아 계실 나이가 아니었다.

당나라에 밀정을 보내어 알아본 정보에 의해서도 전쟁은 임박한 상태였다.

대막리지 연개소문은 각 성에 명령을 내려 전시 태세를 갖추게 하였다. 전쟁에서 이기는 길은 넉넉한 군량미와 군사 그리고 국민의 정신력이었다.

한편 당 태종은 자신이 직접 싸움터로 나서기로 하였다. 고구려가 얕볼 수 없는 군사력을 가진 대국임을 알았기 때문이었다.

신하들 가운데는 말리는 이들이 있었다. 태종은,

"요동은 옛날의 중국 땅이다. 고구려를 쳐서 버릇을 고쳐 주고, 옛 땅을 도로 찾아야 한다. 짐이 직접 나서는 것이 승리에 도움이

될 것이다."

하고 고집을 피웠다.

　그는 아들을 군사로 보내는 노인들을 불러 놓고 위로한 뒤, 베와 곡식을 나누어 주었다. 그리고,

　"짐이 군사를 지휘할 것이므로 걱정할 것 없소."

하고 안심을 시켰다. 그리고 전국에서 모은 군량미를 고구려의 요동에서 가까운 곳에 쌓도록 명령하였다.

　이때, 당 태종에게 전쟁을 말리기 위해 적극 나선 사람이 있었다. 그는 수나라 때도 양제를 따라 고구려 원정에 나선 적이 있는 정천숙이었다.

　"폐하, 고구려와의 싸움은 안 됩니다. 요동은 길이 멀어서 군량을 나르기가 어렵습니다. 동이 사람들은 용감하고 전쟁에 능해서 성을 잘 지킵니다. 쉽게 항복을 받지 못할 것입니다. 저는 수나라때에 수만 명의 군사를 거느리고 나가서 고구려군과 싸웠습니다만 그 결과는 실패였습니다."

그러나 당 태종은 고집스럽게 자기 의견을 내놓으면서 말을 듣지 않았다.

"오늘의 싸움은 그 때의 경우와는 다르다. 그대는 짐의 말을 듣기만 하라."

옛날 수나라 양제는 부하에 대하여 잔인하였다. 그와는 달리 고구려의 영양왕은 자기 백성에 대하여 인자하였다. 임금에게 불평이 있는 사람들을 모아서 임금과 화목한 사람들을 쳤으므로 이길 수가 없었던 것이다.

태종은 당나라가 고구려에게 이길 수 있는 다섯 가지 이유를 내놓았다.

"그 첫째는 큰 나라가 작은 나라를 치는 것이니 이길 수 있다. 둘째는 정의로운 나라가 반역의 나라를 치는 것이니 이길 수 있다. 지금 고구려에서는 대막리지 연개소문이 임금을 죽이고 백성을 억누르고 있으므로 나라 사람들이 목을 늘여 구원의 손길을 기다리고 있는 실정일 것이다."

고구려 사람들이 당나라의 구원을 기다리고 있다는 것은 당 태종이 신하들의 거짓말을 믿고 생각해 낸 명분이었다. 그것은 실로 망상이었다.

당 태종은 말을 이었다.

"우리 당나라는 안정된 나라이며 고구려는 폭정에 견디지 못해 아우성치는 어지러운 나라다. 안정된 당나라가 어지러운 고구려를 치니 이길 것이다. 넷째로는 편안히 쉬던 당나라 군사가 폭정에 피로한 군사를 치니 이길 것은 뻔한 이치다. 다섯째는 기쁨에 가득 찬 당나라 군사가 원한에 쌓인 군사를 치니 이길 것이 틀림이 없다."

아무도 태종의 고집을 꺾을 수는 없었다. 그는 군사들을 모아서 전략을 세웠다.

사령관을 임명하고 각 지방에서 모집한 군사와 이민족의 군사를 합쳐 십만여 명을 나누어 맡겼다. 보병과 기병은 이세적의 지휘를 받게 하고, 수군은 장량이 지휘하도록 하였다. 성을 공격하는 데 쓰일 사다리와 무장한 수레를 만들었다.

"지금 고구려가 차지하고 있는 요동은 본디 중국의 영토였다. 수나라에서 네 번이나 군사를 일으켰으나 이를 빼앗지 못하였다. 내가 고구려를 치려는 것은 연개소문의 버릇을 고쳐 주자는 뜻도 있지만 고구려와 싸우다가 죽은 수나라 군사의 원수를 갚으려는 것이기도 하다!"

중국을 둘러싼 모든 나라가 항복을 하여 속국이 되었는데 고구려만 평정을 못 하였으므로 당 태종은 나이가 더 많아지기 전에 고구려를 정복해야겠다는 것이다.

그는 군사를 거느리고 요동 들판을 향해 출발을 하였다.

"당나라 군사가 쳐들어온다. 성주들은 백성을 일깨워 전쟁에 대비하라!"

고구려에서는 대막리지의 포고령이 내렸다. 성주들은 성벽을 다시 둘러보고 군량을 점검하였다.

"대막리지 대감, 우리 성은 전쟁 준비가 모두 끝났습니다. 백성은 단결하고 있습니다."

연개소문에게 성주들의 파발이 와서 닿고 있었다.

그러나 이런 보고만으로는 되지 않았다. 연개소문은 친위병을 거느리고 바쁜 걸음으로 여러 성을 둘러보았다.

과연 전쟁 준비가 빈틈없이 되어 있었다. 성마다 세워 두고 있는 동명성왕의 사당에서 나라를 위한 기도를 하게 하였다.

"고구려 백성은 하늘의 자손이며 하백의 외손이오. 하늘이 내리신 우리 조상께서 나라를 지켜 주실 것이므로 당나라를 물리칠 수 있을 것이오."

13. 당 태종의 침입

    당나라의 고구려 침입은 선발대의 천리장성 공격으로부터 시작되었다. 이들은 중국인이 아닌 이민족으로 조직된 군사로 당 태종의 위협에 못 이겨 싸움터에 나온 무리였다.
    요하를 건넌 당나라 군사가 개미 떼같이 몰려오고 있었다. 고구려군은 천리장성을 의지하여 강을 건너, 쳐들어오는 적에게 화살을 퍼부었다.
    수많은 적이 쓰러졌다. 그러나 거기에는 아랑곳 없이 강을 건너온 적군이 포차를 들이대고 돌을 쏘아댔다. 성벽을 무너뜨리려는 것이다. 사다리를 걸치고 성벽을 기어오르는 적군도 있었다.
    그러나 고구려의 성벽은 끄떡도 하지 않았다. 고구려 군사의 화살과 돌에 적이 계속 쓰러지고 있었다. 성 밖에는 당나라 군사의 시체가 쌓여 갔다.
    밤낮 없는 공격이 며칠 동안이나 계속되었지만 적은 국경의 방위선을 뚫지 못하였다.
    "저래서 수나라 백만 대군이 무너졌군. 고구려의 군사들은 날쌔서 여간해서는 이겨 내기 힘들겠는데……."

전쟁을 지켜 보던 당 태종이 하는 말이었다.

연개소문의 제안으로 쌓기 시작한 천리장성이 고구려를 잘 지켜 주고 있었다.

"폐하, 고구려의 저 장성을 무너뜨리기가 지극히 어렵습니다. 수많은 군사가 목숨을 잃었을 뿐, 성은 끄떡도 하지 않습니다. 고구려군의 저항도 만만치 않습니다."

전선에 있는 군대로부터 당 태종에게 보고가 들어왔다.

"어찌하면 좋을꼬?"

요동을 지나 평양성까지 쳐들어가겠다는 당나라 군사가 첫 전투에서부터 어려움에 부딪치고 있었다.

"모든 군사를 한데 모아서 한곳을 집중 공격하는 거다. 인해 전술이란 그런 것이야."

당 태종은 인해 전술을 지시하였다. 많은 적이, 쓰러지는 시체를 디디고 밀물처럼 달려들었다. 그러자 며칠 만에 국경선 한 곳이 뚫렸다. 죽기를 무릅쓰고 싸우던 고구려 군사도 어쩔 수 없었던 것이다.

국경선을 뚫은 당나라 군사는 개모성(만주 심양)을 에워싸기 시작하였다.

고구려 군대의 총사령관 연개소문은 작전을 세우고 전투를 독려하는 데 힘을 기울이고 있었다. 싸움은 요동에서 벌어지고 있지만

당나라 군사의 일부가 바다를 건너서 평양성으로 쳐들어올 수도 있으므로 군사의 일부를 나누어 바다를 지켜야 했다. 멀리 떨어진 가시성에 있는 군사 7백 명을 개모성으로 파견하여 함께 성을 지키도록 지시할 수밖에 없었다.

백제와 남쪽의 국경선에도 신라를 막을 군사가 필요했다.

고구려 개모성의 용기 있는 병사들은 사다리를 걸치고 기어오르는 적군에게 끓는 물을 들이붓고 화살을 내리꽂고 있었다. 힘겨운 싸움이었다.

성벽으로 기어오르는 적군을 향해 고구려군은 연신 화살을 날리고 있었다. 그러나 차츰 고구려군의 피해가 늘어나고 있었다. 개모성 공격에 나선 당나라 장수 이세적은 최정예 부대를 이끌고 있었다. 엄청난 군사를 동원하여 연일 계속되는 공격에 견디지 못하고, 드디어 개모성은 함락되고 말았다.

개모성이 함락되자 고구려 사람 1만 명이 포로가 되었고 군량미 십만 석이 적군의 손으로 들어가고 말았다. 고구려로서는 큰 타격이었다. 그뿐이 아니었다. 당나라 수군은 비사성(만주 대련)을 공격하였다. 비사성은 요동 반도의 끝에 있는 고구려의 요새였다.

"대막리지 대감, 이쪽에 응원군을 좀 보내 주시오. 적군이 인해전술로 공격해 오고 있어요."

비사성에서 연개소문에게 보내 온 연락이었다.

그러나 함부로 수군을 움직일 수가 없었다. 평양성을 수비해야 했기 때문이었다. 이렇게 하여 비사성은 점점 어려운 처지에 놓이게 되었고 마침내 적군에게 함락되고 말았다.

성을 점령한 적군은 우선 보물을 훔쳐 내기에 바빴다. 보물을 다 찾아 낸 그들은 군량미를 꺼내어 적진으로 날랐다. 성 안에 모셔 둔 동명성왕의 사당에 불을 지르고 성을 불태웠다.

그리고 사로잡은 민간인과 포로들을 잔인하게 다루었다.

드디어 서기 645년, 개모성이 함락된 뒤 당 태종은 대군을 거느리고 요동에 이르렀다.

당나라 군대는 다음으로 요동성 공격에 나섰다.

요동성으로 가는 길에는 진펄이 있었다. 말이 들어가면 빠져서 나오지 못하므로 수많은 기마병이 수난을 당했다. 사람이 들어가도 무릎 위까지 빠졌다.

'이거 야단났구나.'

당나라 장수들은 승리에 도취되었던 마음이 가셨다.

'큰일인데, 다른 길로 가려면 수천 리를 돌아야 할 텐데……'

할 수 없이 군사들을 동원하여 진펄을 메우기로 하였다. 토목을 맡은 장수 염입덕을 앞장 세웠다.

염입덕이 모든 군사에게 흙을 파서 나르게 하였다. 진펄에 이르러서 당 태종은 생각하였다.

'전쟁이란 고생이구나. 이런 장애물이 가로놓일 줄이야.'

당 태종은 연개소문의 폭정에 못 견딘 고구려 사람들이 자진해서 항복하리라는 일말의 기대를 품고 출정하였었다. 그러나 정작 전선에 와 보니 전혀 딴판이었다. 고구려 사람들의 저항이 생각보다 드세었던 것이다.

수만 명 군사가 여러 날 작업을 하여 겨우 사람이 지날 수 있는 통로가 생겼다.

요동성에 이르러 12일 동안 격전을 벌였다. 당시 당나라 장수들은 백제가 만들어 바친 붉은 색과 검은 색 갑옷을 입고 있었다. 햇살이 비치자 갑옷은 눈부시게 빛났다.

요동성에서는 고구려 군사들이 굳세게 저항하였다. 그러나 당나라의 포차에서 쏟아붓는 바위들이 성벽을 맞추면서 한두 군데씩 성이 무너지기 시작하였다. 고구려 군사들은 온힘을 다해 성을 다시 쌓았으나 역부족이었다.

결국 요동성은 함락되었다. 이 때 고구려 군사 1만 명과 민간인 4만 명이 포로가 되었고, 군량미 50만 석을 빼앗기고 말았다. 고구려에 위기가 닥쳐오고 있었다.

한 성이 무너지자 다른 성들도 사기가 떨어질 수밖에 없었다. 뒤이어 백암성도 적군의 손에 떨어지고 말았다.

고구려에서 몇 군데의 성을 넘겨 주자 당나라 군사들은 전쟁에서 다 이긴 것처럼 좋아서 날뛰었다. 그러나 요동에는 아직도 여러 개의 성이 굳건하게 버티고 있었다. 그 중에서도 안시성이 가장 튼튼하였다.
 안시성 성주 양만춘은 성격이 곧기로 이름난 인물이었다. 그는 이전에 연개소문이 반정을 일으켜 영류왕을 죽였다는 말을 듣고 매우 화를 냈다.
 "아무리 나쁜 귀족들을 처단할 목적이었지만 왕을 죽이는 것은 용납될 수 없다."
 연개소문이 사람을 보내어 설득하였지만 그는 듣지 않았다. 반정을 일으킨 장군들이 군대로 위협했지만 끝내 수긍하지 않았다. 그리하여 연개소문도 그의 지조를 높이 사서 성주 자리에 그대로 앉혀 두었을 정도였다.
 당나라 태종도 이 사실을 알고 있었다.
 "이제 이만하면 요동의 세력을 꺾은 셈이다. 평양으로 진격할 날도 멀지 않았다. 그런데 안시성만은 그냥 비켜 가는 것이 좋을 것 같다. 안시성을 지나면 그보다 군사력이 약한 건안성이 있다. 이 성을 쳐서 무너뜨리면 안시성은 싸움을 하지 않고도 저절로 우리 손에 들어올 것이다."
 당 태종이 말하자 대장 이세적이 의견을 내놓았다.
 "우리의 군량을 모두 남쪽에 쌓아 두고 있습니다. 안시성을 지나서 그 북쪽의 건안성을 친다면 그 틈을 이용하여 안시성의 군사가 우리의 군량을 모두 가져가 버릴 것입니다. 군사력이 강한 안시성을 먼저 공격하여 빼앗게 되면 건안성 따위는 절로 무너질 것입니다."

당 태종은 이세적의 의견을 따라 안시성 공격에 나섰다.

안시성에서는 대막리지 연개소문의 지시로 성주 양만춘이 부하 장수들을 모아서 작전을 짜고 있었다.

"당나라 군대가 곧 안시성으로 쳐들어올 것 같소. 적을 무찌를 만반의 태세를 갖추시오. 부하들을 다독거리고 격려하여 자신감을 갖도록 하시오. 내 곧 구원병을 보내도록 하겠소."

양만춘도 다른 생각이 있을 리 없었다. 그의 지휘 하에 완전 무장한 군사들이 활을 성 밖으로 겨누고 적이 쳐들어올 때만을 기다리고 있었다.

안시성에는 창고에 무기와 군량미가 넉넉하였고, 군사들의 사기가 하늘을 찌를 만큼 높았다.

개모성, 비사성, 요동성, 백암성에서 후퇴한 지원병들도 안시성에 모여 있었다.

일반 백성까지 성 안에 피난을 시켰는데 이들은 자기 힘대로 군사를 도울 사람들이었다.

안시성을 튼튼한 요새로 만든 것은 성주 양만춘의 힘이었다. 그는 너그러우면서 치밀한 사람으로 백성들의 추앙을 받았다. 군사를 기르는 데에 지략이 뛰어났고 백성들을 용기로써 뭉치게 하였으며 부지런히 농사를 지어 넉넉하게 살도록 보살펴 온 존경받는 성주였다.

적이 쳐들어와서 백성들이 죽어가고 있는 위급한 상황에 보장왕

과 대막리지 연개소문은 양만춘에게 큰 기대를 하고 있었다.

멀리 몰려오는 당나라 군사가 보였다. 고구려 군사들은 성문을 굳게 닫고 적을 노려보고 있었다.

수레를 탄 태종이 나타났다. 깃발과 일산(왕이나 왕후가 쓰는 자루가 긴 양산)을 보고 알 수 있었다.

"저기 원수놈이 온다!"

안시성의 군사가 일제히 북을 울리며 소리치기 시작하였다.

"이 못난 당나라 놈들아! 무슨 욕심으로 여기까지 오느냐!"

"천손의 나라를 침범하여 백성을 죽이다니!"

태종의 얼굴이 붉으락푸르락했다. 화가 난 것이다.

"저 성을 빼앗아서 저놈들을 모두 산 채로 묻어라!"

대장 이세적이 명령을 받아 부하들에게 소리쳤다.

"저놈들을 모두 잡아서 산 채로 묻어라."

이 전갈이 곧 안시성 고구려의 진으로 날아갔다. 고구려 군사들이 일제히 소리를 모아 놀려 대었다.

"우리들 스스로 죽는 한이 있어도 절대 너희 놈들에게 잡히지는 않겠다!"

잡아서 산 채로 묻겠다는 말에 고구려 군사들의 용기가 더욱 굳세어졌다. 성주 양만춘이 사령관으로서 명령을 내렸다.

"작전 개시!"

화살이 적진으로 날았다. 당나라 군사들이 외마디 소리를 지르며 쓰러졌다.

당나라 군사는 포차로 큰 돌을 쏘아대었다. 성문과 성벽을 포차로 부수려 했지만 안시성은 끄떡도 하지 않았다.

하루에도 예닐곱 차례의 싸움이 계속되었다. 성 밖에는 적의 시체가 뒹굴고 있었다. 시체를 끌어 내려고 왔던 군사가 그 위로 쓰러졌다. 쓰러진 자를 구하려고 달려왔던 자들이 또 쓰러졌다. 적의 시체는 계속 쌓여 가고 있었다.

14. 안시성 싸움

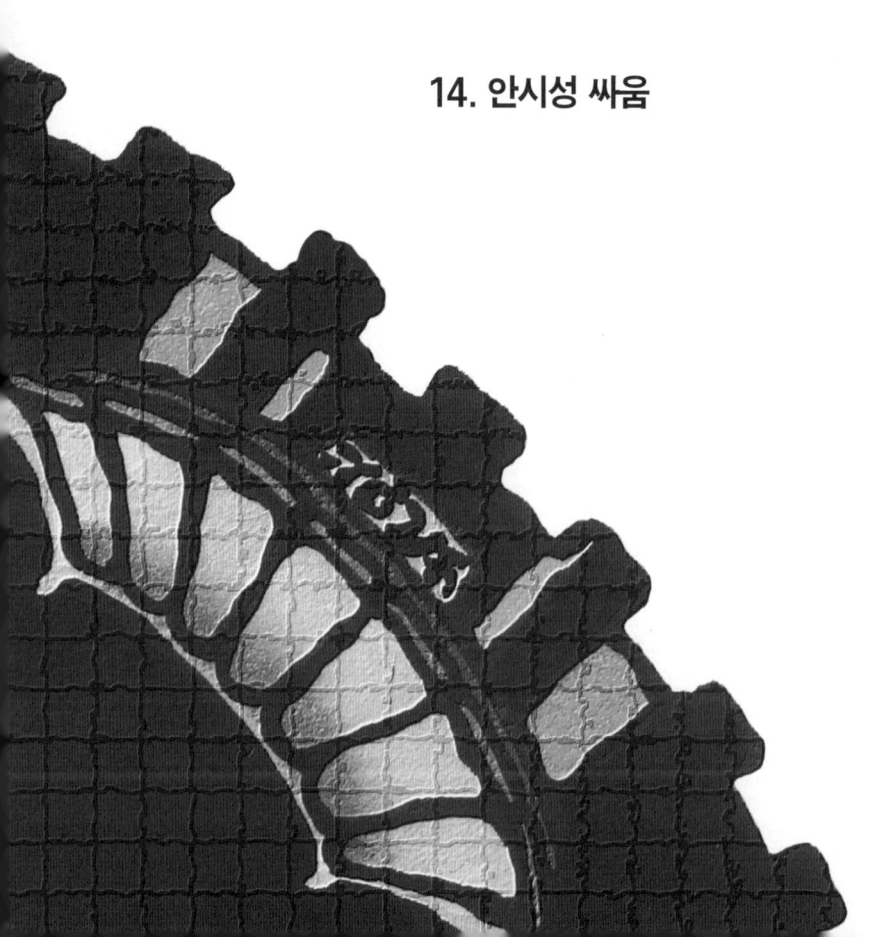

"역시 안시성은 다르군. 연개소문과 양만춘의 전략을 당할 수가 없어……."

당 태종은 임금답지 않게 몸을 부르르 떨었다. 당나라 대장 이세적이 아뢰었다.

"그렇습니다. 성이 단단해서 어떤 무기로도 부술 수가 없습니다. 그리고 고구려 군사는 어떤 속임수에도 넘어가지를 않습니다."

당나라 군대가 고전하고 있을 때 또 다른 급보가 날아들었다.

"폐하, 고구려 지원군이 안시성을 향해 오고 있다 합니다."

"무엇이라고?"

당나라 진영에는 불안감이 감돌았다. 태종을 중심으로 긴급히 대책 회의가 소집되었다.

연개소문은 고연수와 고혜진 두 장군에게 십 만의 군대를 딸려 보냈다. 안시성이 적의 손에 떨어지면 고구려 전체가 위험하게 될지도 모를 일이었다. 따라서 연개소문이 안시성에 쏟는 관심은 특별한 것이었다. 연개소문은 말갈족의 거탕에게도 사람을 보내어 협조를 요청하였다.

"우리는 지금 당나라 군대를 맞아 힘을 다해 싸우고 있소. 만일 이 싸움에서 우리가 진다면 말갈족 역시 당나라의 노예가 되고 말 것이오. 우리는 어떻게든지 힘을 합쳐 이 위기를 함께 이겨 내야 하지 않겠소."

전갈을 받은 거탕은 부족 전체에 동원령을 내렸다. 이번 출정은 연개소문과의 개인적 친분 때문만은 아니었다. 만일 고구려가 이번 싸움에서 진다면 말갈 역시 당나라의 지배를 받을 것임은 분명하였기 때문이다.

이렇게 하여 모두 15만의 군대가 안시성을 구하기 위하여 출동하였다. 그러나 당 태종도 만만치 않았다.

"이번에 출동한 고구려의 장수가 현명한 사람이라면 안시성과 붙어 있는 산을 끼고 진을 칠 것이다. 그리하여 안시성의 군량을 함께 먹으면서 말갈군을 풀어 우리 진영을 어지럽히려 할 것이다. 이렇게 되면 우리는 시간을 오래 끌어야 하고, 재빠른 말갈의 기병대에 괴롭힘을 당할지도 모른다. 그러나 고연수는 그다지 현명하지 못한 사람일 것이다. 나는 이전에 그가 공명을 좇는 데 급급한 성격이라는 말을 들은 적이 있다. 짐작컨대 그는 우리와 바로 맞붙어 승패를 겨룸으로써 공을 세우고자 할 것이다. 여기에 대비하여 작전을 세워 두어라!"

당 태종의 추측은 옳았다.

안시성 근방에 도착한 고연수는 작전 회의를 열었다. 그때 장군 고정의가 말했다.

"당나라의 이세민은 각지의 호걸들을 누르고 왕이 된 사람이다. 함부로 얕볼 만한 상대는 아니다. 우리는 시간을 끌면서 저들의 양식이 떨어질 때를 기다리는 것이 좋다."

그러나 고연수는 이 말을 듣지 않았다. 그는 하루빨리 승리하여 큰 공을 세우고 싶었다.

"무슨 말이오. 우리가 빨리 공격하지 않으면 당나라 군대는 우리가 겁을 먹은 줄 알 것이오. 더구나 안시성은 지금 고립되어 있지 않소. 우리 군대가 결코 적은 숫자도 아닌데 시간을 끌 필요가 있겠소. 당장 공격합시다."

이렇게 공격은 시작되었다. 당나라 군대는 복병을 숨겨 두고 일부러 후퇴하면서 고구려군을 더욱 가깝게 끌어들였다. 그러나 태종은 안심이 되지 않았다. 그리하여 고연수에게 사람을 보내어 고구려군을 속였다.

"우리가 군대를 낸 것은 연개소문의 죄를 추궁하려는 것이다. 지금 너희 나라의 성 몇 개를 빼앗았지만 너희 나라에서 신하의 예절을 갖추기만 하면 곧 철수할 것이다."

고연수는 이 말을 듣고 방심하였다.

다음날 아침 전투가 시작되자 방심하고 있던 고구려군은 어이없이 무너지기 시작하였다. 결국 고연수와 고혜진은 수만 명의 군사

와 함께 태종에게 항복하고 말았다.

 그러나 거탕이 이끄는 말갈군은 달랐다. 말갈군은 재빨리 돌아 뒤를 쳤다. 갑자기 기병대의 습격을 받은 당나라 군대는 어쩔 줄 모르고 큰 피해를 입고 후퇴하였다.

 그러나 고구려군의 항복을 받은 당나라 군대가 지원에 나서자 전세는 다시 불리해졌다. 거탕의 말갈군은 적은 수로 많은 적과 맞겨룰 수가 없었다.

 "내가 죽을 곳은 바로 여기다."

 거탕은 죽을 힘을 다해 싸우고 있었다. 멀리 당 태종이 머무는 천막 위에서 나부끼는 황제의 깃발이 보였다. 그는 함께 싸우는 장군들에게 소리쳤다.

 "저기 저 천막을 공격하라!"

날랜 기병들이 순식간에 천막으로 들이쳤다. 그러나 천막 속을 들여다본 뒤에야 그들은 속은 것을 깨달았다. 당 태종은 이미 천막을 빠져 나와 멀리 산 위에서 전투를 바라보고 있었던 것이다.

거탕을 비롯한 말갈 장군들은 천막 주변에 있던 복병의 손에 모조리 죽임을 당하였다.

"포로로 잡은 말갈족 3천 명은 구덩이를 파고 모두 묻어 버려라. 감히 황제의 천막을 침범하다니!"

이렇게 하여 연개소문이 보낸 구원군은 패배하였다. 이제 안시성은 완전히 고립무원의 싸움을 벌여 나가야 했다. 당나라 군사는 계속하여 안시성을 포위하고 있었다.

'고구려 성 안에 군량이 떨어지기를 기다리자.'

당 태종이 안시성을 포위하고 있는 데는 생각이 있었다. 그것은 고구려의 군사들이 굶주리게 될 날만 기다리자는 작전이었다.

그러나 성 안에서는 밥 짓는 연기가 끊이지 않고 닭과 돼지를 잡는 소리가 계속 들려 왔다.

'고구려의 성 안에서는 날마다 잔치를 벌이나 보다. 그렇다면 성을 포위해 봐야 소용이 없겠구나.'

당 태종은 도종이라는 장수를 시켜 안시성 동남쪽 모퉁이에 흙과 모래로 산을 쌓게 하였다.

안시성 성벽보다 더 높은 산을 쌓아서 안시성을 내려다보고 공격하자는 작전이었다.

무기를 들고 있던 당나라 군사들이 그릇과 삽을 들고 흙을 날라다 쌓기 시작하였다. 정말 산을 만들려는 것이다.

고구려 진영에서 이것을 그대로 보고 있을 리 없었다. 쌓아 가는 흙산에다 화살과 돌을 퍼부었다.

화살에 맞아서 죽고 돌에 맞아서 죽는 적군이 셀 수가 없었다. 그러나 죽어가면서도 흙을 날라다가 쌓지 않을 수 없었다. 왜냐하면 당나라 장수들이 뒤에서 지키고 있다가 물러서는 군사의 목을 베기 때문이었다.

그러자 양만춘이 명령을 내렸다.

"적이 산을 쌓아서 쳐들어오려 한다. 우리는 성벽을 높이자!"

고구려 군사들이 성벽을 높이기 시작하였다. 그리고 흙산을 쌓는 당나라 군대를 향해 화살을 퍼부었다. 이렇게 매일 전투를 치르면서도 적군은 산을 쌓는 작전을 멈추지 않았다.

얼마 뒤였다. 마침내 당나라 군사들이 안시성보다 높은 흙산을 쌓았다.

적이 산을 쌓는 데는 두 달이 걸리었다. 50만 명이 힘을 들이고 수많은 군사가 목숨을 잃어 가며 쌓은 산이었다.

적장 도종이 부복애라는 부하를 불렀다.

"마침내 승리는 눈앞에 다가왔구나. 그대는 저 산 꼭대기에 진을 치고 지키면서 황제의 공격 명령을 기다리도록 하라!"

이제 안시성의 운명은 시간 문제인 것 같았다. 그런데 이게 웬일인가? 뜻밖의 일이 벌어졌다.

갑자기 흙산에서 아우성이 일었다.

"산이 무너진다!"

안시성 쪽으로 가파르게 쌓은 흙산이 꼭대기에서부터 무너져 내리기 시작하였다.

수많은 군사들이 무기를 든 채 흙더미에 깔리고 만 것이다. 부복애는 황급히 군사들을 산 아래로 내려오게 하였다. 놀라서 달려 내려가던 군사들은 아래쪽에서 올라오는 군사들과 부딪쳤다. 밀고 밀리는 아수라장이 된 흙산이 더 무너지면서 고구려의 안시성을 덮쳤다. 안시성 성벽의 한쪽 귀퉁이가 성 안쪽으로 함께 무너져 내렸다.

"이때다!"

양만춘은 무너진 성벽 밖으로 고구려 군사들을 내보내어 흙산을

점령하였다. 그리고 갈팡질팡하는 당나라 군사들을 닥치는 대로 베기 시작하였다. 얼마간 적을 베고 나니 더 싸울 적이 없었다. 흙산을 고구려군이 빼앗은 것이다. 참으로 통쾌한 일이었다.

"참호를 파라! 그리고 산을 사수하라!"

고구려군은 참호를 파고 그 바깥쪽 비탈에다 나무를 쌓아 불을 질렀다. 적군이 흙산으로 다시 기어올라오지 못하게 하기 위해서였다.

당 태종은 발을 동동 굴렀다.

"두 달 동안 쌓은 흙산을 빼앗기다니……."

태종은 부하 부복애의 목을 친 뒤에 당나라 군대에게 총공격을 명령하였다. 그러나 삼일 동안 밤낮없이 계속된 공격에도 고구려군은 끄떡도 하지 않았다. 어찌할 도리가 없었다.

얼굴빛이 하얗게 질린 도종이 맨발로 태종 앞에 가서 무슨 죄든지 달게 받겠다고 말했다. 태종은 화가 풀리지 않았으나,

"지난번 개모성과 요동성을 빼앗을 때 세운 공을 생각하여 특별히 목숨만은 살려 준다."

하며 얼굴을 떨구었다. 천하의 황제임을 자처하던 그도 상황이 이렇게 된 바에는 더 이상 부하를 희생시킬 수 없었던 것이다.

요동은 평양성보다 북쪽에 있다. 황량한 벌판에는 겨울도 빨리 찾아 들고 있었다. 9월에 접어들자 벌써 찬바람이 불어 오기 시작하였고 군량도 거의 바닥을 드러내고 있었다.

"이럴 줄 알았으면 정천숙의 말을 들을걸. 내가 너무 고집을 부린 거야."

황제가 직접 군사를 이끌고 고구려 원정을 나온 터여서 지고 돌아가기에는 면목이 없었다. 그리고 후회가 되었다.

그러나 물러서지 않을 수 없었다. 추위가 닥쳐오기 때문이었다. 태종이 부하 장수들을 모았다.

"나의 체면이 말이 아니구나. 안시성에서 많은 군사를 잃고 말았다. 앞으로 어쩌면 좋을꼬? 군량은 어떤가?"

이세적이 대답했다.

"군량이 거의 바닥났습니다. 안시성을 함락시키면 거기에 있는 군량을 빼앗을 계획이었습니다. 그러나 지금은 작은 성 하나도 칠 수 없을 만큼 군사들이 지쳐 있습니다. 군사의 수도 몇만으로 줄었습니다."

"그렇다면 평양 진격은 어림도 없는 일 아니냐? 안시성을 그대로 두고 평양 진격을 한다면 고구려 군사가 우리를 추격할 것이다. 그렇다고 저 성을 계속 쳐서 무너뜨리기에는 이미 우리의 힘이 모자란다."

"……"

부하 장수들은 모두 말이 없었다.

"왜 말이 없는가? 그렇다면 군사를 되돌리는 거다. 자, 되돌아 가자."

당 태종은 요동의 진펄 2백 리가 얼기 전에 요하를 건너야겠다고 생각하였다. 날이 따뜻할 때도 건너기가 힘이 들었는데, 추위가 닥쳐서 절반쯤 언 상태라면 행군이 더욱 어려울 것 같았다.

"전쟁은 졌다. 뜻밖에도 고구려 사람들이 강하구나. 비록 적장이지만 안시성 성주 양만춘의 용기는 칭찬할 만하다. 그에게 선물을 주어야겠다."

당 태종은 착잡한 마음을 누르고 군사를 돌렸다. 당나라 군대가 열을 지어 떠나는 동안 안시성 성벽 위에는 사람 그림자 하나 얼씬하지 않았다.

"무슨 얼굴로 백성들을 만날꼬? 목숨을 잃은 장병의 부모를 무슨 말로 위로할꼬?"

태종의 수레가 떠날 때쯤 되자 성벽 위에 장수 한 사람이 모습을

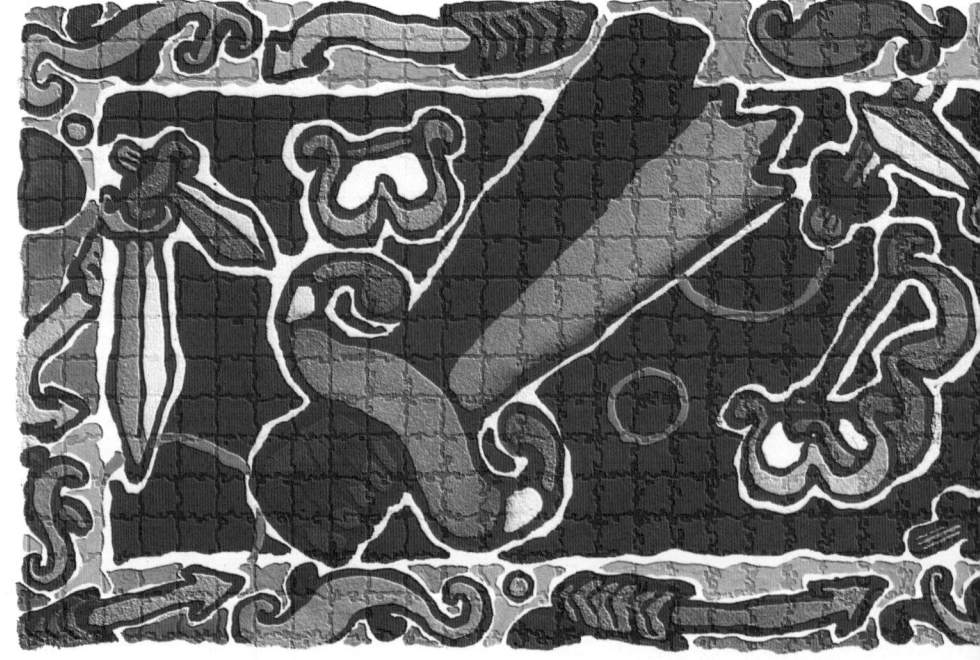

드러내었다. 성벽 위에서 양만춘이 손을 흔들고 있었다. 잘 돌아가라는 인사였다.

"아, 저 성주가? 역시 그의 충성심과 용기는 놀라워."

"비단 백 필을 여기에 놓아라."

당 태종은 비단 백 필을 지휘대에 놓고 안시성 성주 양만춘에게 주는 선물이라는 글을 썼다. 그리고 함께 놓아 둔 활과 옷은 연개소문에게 전해 달라는 글도 남겨 두었다.

요하가 가까워지자 애를 먹이던 진펄이 나타났다. 진펄에는 말과 수레가 지날 수 없었다. 추위가 오고 진펄이 얼어붙은 것이다.

얼음에 미끄러지면서 수레와 말이 빠져서 허덕이었다.

당 태종은 군사를 풀어서 풀을 베어 오게 하였다.

그것을 진펄에 깔았다. 그 위에 수레를 걸쳐서 진펄을 건너는 다

리로 삼았다.

굶고 병들어 죽고, 얼어서 죽는 군사가 셀 수도 없었다. 전쟁에 진 군사를 이끌고 눈보라 속을 걸었다. 당나라 국경에 이르자 사람들이 물었다.

"황제 폐하, 싸움에서 이겼습니까? 설마 지고 돌아오실 리는 없겠지요?"

당 태종 이세민은 고개를 숙이고 대답하였다.

"이번에는 이기지 못하였지만 다음에는 꼭 이길 것이다."

태종이 당나라 서울 장안에 돌아간 것은 이듬해인 서기 646년 2월이었다. 당나라 태종의 위신은 땅에 떨어지고 말았다.

"황제가 십 만 대군으로 고구려에 쳐들어갔다가 군사만 잃었다."

백성들이 수군거렸다.

그렇지 않다는 것을 백성들에게 보여 주어야 했다. 태종은 군사를 모아서 이듬해인 서기 647년에 고구려를 다시 치려고 하였다.

이번에는 태종이 직접 나서지 않고 이세적을 총대장으로 삼아 군사를 맡겼다.

그러나 이세적 역시 큰 성과 없이 돌아왔다. 당나라의 위신은 더욱 말이 아니었다. 그럴수록 태종의 애는 끓었다.

"고구려에게 망신만 당했어. 이러다간 안 되겠다. 기어이 연개소문을 무찌르고 말 테다."

태종은 서기 648년에도 세 번째로 고구려 침략을 감행하였다. 이번에는 수군이 바다를 건너 고구려의 박작성(만주 안동)을 쳤으나 실패하였다. 태종은 30만의 군대를 더 보내어 결판을 지으려 하였다. 강남 지방에 명령을 내려 큰 배를 만들고 군량과 무기를 운반하게 하였다.

   그러나 그의 욕망은 끝내 이루어지지 못했다. 그 이듬해인 서기 649년 봄에 태종은 죽고 말았다. 그리고 그의 아들 고종이 황제가 되었다. 태종은 죽기 전 고구려와의 전쟁을 중지하도록 유언하였다.

15. 백제의 멸망

　평양의 연개소문은 안시성의 승전보를 들었다. 그리고 당 태종이 보냈다는 활과 옷도 받아 보았다. 옷은 주로 임금이 신하에게 주는 선물이었다.
　"내가 당나라의 신하가 아닌데 옷을 왜 받겠느냐?"
　연개소문은 단번에 거절하였다. 그는 승리의 자신감에 차 있었다. 그러나 큰 전쟁을 치르는 동안 고구려가 입은 피해도 엄청났다. 수만 명의 백성들과 군사들이 포로가 되어 당나라로 끌려갔고, 여러 성들에 쌓아 둔 군량도 많이 불타거나 약탈을 당하였다. 다시 전열을 가다듬고 국력을 회복할 계획을 세워야 했다.
　그러나 남쪽에는 신라가 웅크리고 앉아 끊임없이 고구려 영토를 엿보고 있었다. 고구려는 백제와 손을 잡고 가끔씩 신라를 공격하곤 하였다. 당나라의 침략에 대비하는 것도 중요했지만, 한반도에서 주도권을 잡는 것도 중요했기 때문이었다.
　"그러기 위해서는 신라에게 잃은 땅을 찾아야 한다."
　당시 백제 의자왕은 끊임없이 신라를 공격하고 있었다. 어떤 때는 한꺼번에 신라의 40여 성을 함락시켜 신라를 위기에 빠뜨리기도 하였다. 이 틈을 타고 연개소문도 남쪽으로 군사를 보내어 신라의 북쪽 변경에 있는 성들을 빼앗기도 하였다.

백제의 공격에 시달린 신라에서는 당나라에 사신을 계속 보내어 군사 지원을 요청하고 있었다. 김춘추는 고구려에 와서 군사 원조를 부탁했다가 실패한 뒤에, 곧 당나라로 건너가서 군사 원조를 부탁하였다. 당 태종은 이 부탁을 받아들였다. 그러나 고구려와의 전쟁에서 당나라가 참패하자 신라도 애가 타던 중이었다.

그러던 중에 신라에서는 김춘추가 왕위에 올랐다. 그는 아들 김인문을 보내어 다시 군사 요청을 하였다. 당 고종은 아버지가 고구려 원정에서 참패한 기억을 생생하게 갖고 있던 터라 처음에는 망설였다. 그러다가 결국 다시 군사를 일으키기로 결심하였다.

그러나 이번에는 계획을 바꾸었다. 연개소문이 버티고 있는 강한 고구려를 치기보다는, 일단 백제를 먼저 치자는 것이었다. 그리하여 백제를 멸망시킨 뒤에 배후에서 고구려를 협공하면 쉽게 이길 수 있다는 판단이었다.

"대막리지 대감, 당나라에서 다시 전국의 군사에 동원 명령을 내렸다고 합니다."

당나라에 가 있던 사람이 급히 달려와서 알렸다.

"그래, 이번에도 또 대규모로 우리를 공격하겠단 말이지?"

"아닙니다. 이번에는 신라와 함께 백제를 공격하겠답니다."

연개소문은 앞날이 점점 어두워지고 있음을 느낄 수 있었다. 신라 왕 김춘추가 군사 동맹을 맺기 위해서 둘째 아들 김인문을 당나라에 보낸 것을 연개소문은 이미 알고 있었다.

'만약 백제가 무너진다면 우리도 큰 타격을 받을 수밖에 없다. 지금까지 당나라를 막아낼 수 있었던 것도 남쪽에는 큰 신경을 쓰지 않아도 좋았기 때문이었다. 그런데 백제가 무너지고 당나라와 신라가 남북에서 협공을 한다면…….'

생각이 여기에 미치자 연개소문은 이마에 손을 갖다 대었다. 그의 머리에도 이미 흰머리가 여기저기 생겨나고 있었다.

"백제가 잘 버티어 주어야 할 텐데……."

이제 백제에게 모든 것을 걸어 보는 수밖에 없었다.

한편 당 고종은 장수 소정방을 불러 명령을 내리고 있었다.

"장군에게 13만의 군사를 줄 터이니 신라를 도와 바다 건너 백제를 치라. 신라가 가져다 주는 정보에 의하면, 백제는 왕이 사치에 빠져 있고 민심이 흉흉하다고 하니 이 때에 공격을 하는 것이 좋겠다."

소정방이 나당 연합군 대총관으로 임명되었다. 그는 배를 타고 백제를 향하였다. 한편 신라 왕 김춘추 역시 김유신과 함께 군사를 이끌고 출전하였다.

얼마 있자 백제로부터 소식이 전해졌다.

"대막리지 대감. 나당 연합군이 백제의 사비성(부여)을 빼앗았습니다. 백제가 패망했습니다."
"소정방과 김춘추가 사비성에서 백제 왕을 꿇어 앉히고 승전 축하연을 열었다고 합니다."
"그래?"
연개소문에게는 크나큰 충격이었다.
"백제 왕의 그릇된 정치가 그 원인이었다고 합니다."
백제의 의자왕은 무왕의 맏아들로 처음 왕이 되었을 때는 우애가 있고 백성을 깊이 사랑하는 왕으로 추앙을 받았다.
초기에는 성충과 홍수 등의 문신과 윤충, 계백과 같은 장군을 등용하여 나라의 힘을 길렀다. 백성들은,
"우리 대왕님은 해동 증자시다."
하고 의자왕을 칭찬하였다. 증자는 공자의 큰 제자 중에서도 특히 효심이 깊고 도덕에 뛰어났던 사람이었다. 의자왕이 슬기로운 왕이었으므로 동방의 증자로 불렸던 것이다.
신라를 쳐서 대야성과 당항성을 빼앗은 것도 의자왕의 업적이었다. 그러나 너무 자신을 가졌던 그는 나중에 사치에 빠지면서 정치를 그르치게 되었다.
그 중에서도 왕의 잘못을 충고하는 홍수와 성충을 옥에 가두어 죽게 한 것이 민심을 거스르는 원인이 되었다.
"당나라와 신라가 연합군으로 백제를 넘어뜨렸다면 다음 표적은 고구려가 될 것이다. 그러나 고구려는 백제와는 다를 것이다."

연개소문은 겉으로는 이처럼 소리쳤지만 마음을 놓을 수는 없었다. 이제는 그의 나이가 많아 전처럼 싸울 수 없었기 때문이었다.

그러나 나라를 위해서는 쉴 틈이 없었다. 그는 세 아들 남생, 남건, 남산을 불러모았다.

"백제가 나당 연합군에 무너졌구나. 그 원인이 백제 왕의 실정에 있었다. 너희들은 어떻게 나라를 지켜야 할지를 잘 알 테지. 이제 나라는 너희들 손에 달려 있다. 나는 이미 늙었구나."

연개소문이 아들들을 타일렀다. 세 아들은 모두 나라의 일을 맡을 만한 젊은이로 성장하였다. 그리고 아버지의 뒷받침을 받으며 높은 벼슬에 올라 국사를 돌보고 있었다.

특히 맏아들 남생은 자신의 뒤를 이을 예정이었으므로 연개소문의 사랑은 극진하였다. 남생에게는 헌충이라는 아들이 있었는데, 연개소문은 이 손자를 집안의 기둥으로 생각하며 귀여워하였다.

둘째 아들 남건과 셋째 아들 남산도 각각 맏형의 다음 지위에서 나라일을 돕고 있었다. 생각하면 매우 마음 든든한 일이었지만 한 가닥 불안감을 씻을 수는 없었다.

16. 사라진 별

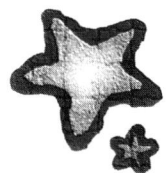

사태는 연개소문이 걱정했던 대로 진행되고 있었다.

백제를 멸망시킨 당나라는 이듬해인 661년에 곧 고구려를 공격해 왔다. 당나라 군대의 총사령관은 소정방이었다. 백제를 멸망시킨 여세를 몰아 곧바로 고구려도 멸망시키겠다는 것이었다.

이번에는 신라에게 협공하라는 말도 없었다. 당나라 혼자서 고구려를 멸망시키고 나서 그 땅을 당나라가 직접 다스리겠다는 속셈이었다.

소정방은 뱃길로 평양성을 향하였다. 대동강 가에 상륙한 그는 부대를 이끌고 평양성으로 진격하여 포위 작전을 펼쳤다. 그러나 평양성은 험한 지형을 이용하여 삼중으로 튼튼히 쌓은 성이라 끄떡도 하지 않았다.

연개소문은 맏아들 남생을 보내어 압록강을 수비하도록 하였다. 남생은 수만 명의 군사를 이끌고 압록강으로 가서 당나라 군대가 한발도 들여놓지 못하도록 잘 방어하였다.

그러나 겨울이 다가와 압록강이 얼어붙자 상황이 달라졌다. 적군은 배를 타고 건널 필요가 없어진 만큼 얼음 위로 많은 군사를 일시에 건너가게 하였다. 고구려군은 참패하였고, 남생은 겨우 목숨만을 부지한 채 도망칠 수밖에 없었다. 매우 실망스런 일이었다.

이 일로 인하여 남생은 위신이 떨어지게 되었다. 어떤 사람들은 남생이 연개소문의 후계자로서 마땅하지 않다는 말까지 거리낌없이 할 정도였다.

한편 평양성 부근에 진을 치고 있던 소정방은 겨울이 다가오자 고전을 면치 못하고 있었다.

"이제 군량도 얼마 남지 않았다. 조만간 결판을 내지 않으면 우리 자신의 목숨을 장담할 수 없을지도 모른다."

부하 장수들을 불러모은 소정방은 비장한 말투로 이야기하였다. 뭔가 다른 대책을 세워야 했다.

"방효태 장군, 장군은 별동대를 이끌고 동북쪽으로 진군하여 다른 성을 공격하도록 하라. 그리하여 군량미를 빼앗으면 평양성도 두려워할 것이다."

그리고 한편으로는 신라에 사람을 보내 군량미를 보내 주도록 요청하였다.

당나라 장군 방효태는 아들 6명을 모두 데리고 출전하고 있었다. 그는 소정방의 명령을 받고 곧 출발하였다. 그러나 이 소식이 연개소문에게 들리지 않을 수 없었다.

"대막리지 대감, 당나라 별동대가 군사를 나누어 다른 성을 공격

하러 나선다고 합니다."

"그래? 그렇다면 가만히 앉아 있을 수 없지. 이번에는 내가 직접 출전하겠다."

이미 노령에 접어들고 있는 그였지만 앉아서 지휘만 할 수는 없었다. 더구나 지난번에 남생에게 압록강 수비를 맡겼다가 실패한 경험이 있었다.

그는 5천 명의 군사를 나누어 평양성을 빠져 나왔다. 적군이 오는 길목에 먼저 가서 기다리고 있다가 일격을 가할 생각이었다. 연개소문은 사수라는 조그만 강가에 진을 치고 기다리고 있었다. 이튿날 과연 방효태가 이끄는 당나라 군대가 도착하였다.

전투는 이른 아침부터 시작되었다.

"이번 싸움에서 지면 평양성도 위험해진다."

고구려 군사들은 힘을 다해 싸웠다. 거기에다 연개소문의 뛰어난 지략이 있었다. 해가 중천에 오르기도 전에 싸움은 결판이 났다. 방효태와 그의 아들을 포함한 당나라 장군 7명과 함께 대부분의 당나라 군사가 몰살당하였다.

연개소문이 평양성에 도착하자 고구려 군사들의 사기는 하늘을 찌를 듯하였다.

"신라가 당나라 군대에게 식량을 수송해 줄지도 모른다. 남쪽의 여러 성들에 연락하여 철저히 막아 내도록 하라."

연개소문은 잠시도 쉴 수 없었다.

한편 소정방은 초조해지기 시작하였다. 군사를 돌려 철수하고 싶었지만 군량이 부족하였다.

'이대로 철수하다가는 중간에 식량이 바닥이 나게 된다. 이러지도 저러지도 못하게 되었는데, 신라에서는 왜 빨리 군량을 가져오지 않는 것일까?'

조바심이 난 소정방은 다시 신라에 사람을 보내었다.

이 때 신라에서는 김유신이 직접 군사를 이끌고 군량을 수송하고 있었다. 김유신은 이미 일흔을 바라보는 고령이었지만 명장으로 이름난 인물이었다. 그는 눈보라를 헤치며 직접 군사를 독려하여 평양 부근까지 군량을 날라 왔다. 곳곳에서 고구려군이 공격을 해 왔지만 김유신을 당해 내지 못하였다.

초조하게 기다리던 소정방은 군량을 받자마자 곧 철수해 버리고 말았다.

"적은 쫓겨갔구나!"

그러나 쉴 틈이 없었다. 언젠가는 당나라가 다시 침략해 올 것이다. 그 때를 대비하지 않으면 안 되었다. 그는 지방 순시에 나섰다. 무너진 성을 수리하고, 군량을 다시 모았다.

이렇게 바쁘게 생활한 지 4년이 지난 어느 날이었다.

"대감이 쓰러지셨다."

평소 연개소문을 모시던 시종이 방에서 달려나오며 소리를 질렀다. 거구에 건강한 모습이었지만 해마다 거르지 않는 당나라의 침입을 막느라 많이 지쳐 있었다.

주위 사람들이 달려와서 치료를 하였다. 그러나 연개소문은 일어나지 못하였다.

"이제 나라일을 두고 눈을 감는가 보다."

연개소문은 세 아들을 다시 불렀다.

"신라와 당나라가 우리 나라를 넘어뜨리려 하는구나. 너희들이 단결해서 나라를 지켜야 한다. 그렇게 되어야 나도 지하에서 기뻐하리라."

666년, 드디어 연개소문은 눈을 감았다.

온 나라에 슬픔이 감돌았다. 그러나 연개소문을 이어 대막리지에 오른 연남생은 이미 사람들의 신망을 잃고 있었다. 지난번의 패전이 원인이었다.

연남생은 대막리지에 오르자 지방 순시에 나섰다. 지방 사정을 잘 알아야 고구려 전체를 다스릴 수 있다고 생각했기 때문이었다. 그는 남건과 남산 두 형제에게 평양성의 일을 맡긴 후 지방으로 떠났다.

남생이 지방으로 떠나자 몇몇 간사한 무리들이 모함을 하기 시작하였다.

"대막리지 대감, 대감이 지방에 나와 있는 동안 두 동생이 대감을 없애려 한답니다."

그리고는 평양성의 남건과 남산에게도 이간질을 하였다.

"형이 동생들의 간섭을 싫어해서 언젠가는 없애 버리려고 벼른답니다. 먼저 행동에 나서는 것이 좋을 듯합니다."

처음에는 누구도 이 말을 믿으려 하지 않았다. 남생은 사정을 알아보기 위하여 평양성에 사람을 보내었다. 남건과 남산은 이 사람을 붙잡아 두었다. 그리고 보장왕의 명령을 빌어 남생에게 평양으로 속히 돌아오라는 전갈을 보냈다.

일이 이쯤 되자 남생 역시 의심이 들지 않을 수 없었다. 그는 아들 헌성을 당나라로 보내어 항복하고 말았다.

그 후 3년 뒤에 고구려는 결국 무너지고 말았다. 역사는 이렇게 기록하고 있다.

좋은 기회를 얻은 당나라에서는 헌성을 장군에 임명하고 당나라 장군 계필하력이 거느린 군사를 보내었다.

이런 일로 고구려는 나라를 잃고 말았다. 형제의 우애가 얼마나 중요한가를 이제 알 일이다.

연개소문의 공적은 어디서 찾을 수 있을까?

당나라는 연개소문의 일생을 좋은 말로 기록해 주지 않았다. 그리고 당나라의 기록을 옮겨 쓴 우리의 역사책에서도 그를 바르게 평가하지 않고 있으니 참으로 안타까운 일이다.